부지깽이로 쓴 편지

부지깽이로 쓴 편지

초판 발행 | 2014 년 2월 10일

지은이 | 박동규
펴낸이 | 신중현
펴낸곳 | 도서출판 학이사
  출판등록 : 제25100-2005-28호
  주소 : 대구광역시 달서구 문화회관11안길 22-1 (장동)
  전화 : (053) 554~3431,3432
  팩스 : (053) 554-3433
  홈페이지 : http : // www.학이사.kr
  이메일:hes3431@naver.com

 ISBN _ 978-89-93280-62-3 03040

부지깽이로 쓴 편지

學而思 | 학이사

생각의 자유로움을 쫓아서

요즘 잠을 자다가, 자주 잠을 깹니다. 잠에서 깨어나면 먼저 물을 마십니다. 그러다가 옛날 할아버지 시절을 떠올려 봅니다.

할아버지는 머리맡에 '자리끼'를 두고 항상 "에헴!" 기침을 하시곤 그 물을 마셨습니다. 할아버지는 겨울엔 가끔씩 물을 마시지 못하는 때도 있었습니다. 그날은 날씨가 너무 추워서 사랑방 윗목의 머리맡에 둔 자리끼가 얼어버린 날입니다. 그때는 겨울이 왜 그렇게 추웠었는지요?

할아버지의 헛기침이 그날은 두 번 들리는 날이었습니다.

아버지 시절에도 자리끼를 두셨습니다. 자식들이 보온병을 사다 드리고 전기 주전자를 사다 드렸습니다.

그러나 아버지는 머리맡에 구수한 숭늉을 놋그릇에 자리끼로 떠다 놓으셨습니다.

사랑방은 학동들을 비롯하여 많은 사람들이 붐비는 곳이라 먼지가 풀풀 날렸습니다. 찢어진 신문지 조각으로 덮여있는 자리끼는 뽀얀 먼지가 물 위에 떠 있는 날도 있었습니다.

아버지는 자리끼를 마시기 전에 헛기침을 한 번 하시곤 '후우~'

바람을 일으켜 먼지를 불어 내시곤 물을 마셨습니다.

　그러나 밤잔물이 될 때도 있었습니다. 그날은 방안에 불이 켜지지 않고 조용한 날이었습니다.

　문득 자리끼 생각이 난 것은, 지난 시절 사람들은 물을 마시기 위하여 호롱불이나 전기를 켰지만 책을 읽거나 항상 무언가를 하셨습니다.

　나는 이제야 자리끼의 의미를 생각 해 봅니다. 자리끼는 종심소욕(從心所欲)이라는 것을…. 생각의 자유로움을 쫓아서 자기의 할 바를 정신없이 하라는 뜻이라고 말입니다.

　그저 지낸 세월이 가볍습니다. 그것도 생각대로 살아오지 못하고 살면서 생각한 내용을 한 번 적어 보았습니다.

　자리끼를 마시며 멍한 모습으로 앉아 또 생각을 해 봅니다. '생각을 쫓아서 살자고….'

　용기를 내어 책으로 내놓아 봅니다.

저자 박동규

■ 차 례

1부 _ 교단에서 보내는 편지

2부 _ 올이 바르게 되어야 좋은 옷감이 된다

3부 _ 예쁜사람 미운 데 없고,
미운사람 예쁜 데 없다

4부_ 배우고 생각하지 않으면 어둡고,
생각하고 배우지 않으면 위태롭다

1부

교단에서 보내는 편지

나의 마음을 헤아려 보면
남의 마음도 안다

　며칠 전 학력향상형 창의경영학교 초등학교 교장 선생님들이 선진지 시찰을 통영방향으로 갔다. 돌아오는 길에 점심을 먹기 위하여 마산에 있는 식당에 들려 자리에 앉아서 음식을 기다리는데 식당 여종업원이 "할아버지, 뭘 주문하시겠어요?" 하였다. 그 때 자리한 교장 선생님 몇 분이 "뭐! 할아버지라고?" 하였다. 같이 있던 교장 선생님들의 표정이 일그러지고 더러는 씁쓰레한 마음이 되었다.

　'같은 값이면 다홍치마' 라고, 말도 곱게 가려서 했으면 모두가 좋아했을 텐데…. 점심을 먹으면서도 '누가 할아버지인가?' 되뇌어 보았다.

대학출어역(大學出於易)이란 말이 있다. 사서삼경인 『대학(大學)』은 『주역』에서 나왔다는 말이다. 주역의 계사하전에 보면 천지의 큰 덕을 생(生)이라 하고, 성인의 큰 보배를 자리〔位〕라고 한다. 무엇으로 자리를 지킬 것인가? 인(仁)이 그것이다. 무엇으로 사람을 모을 것인가? 재(財)가 그것이다. 재물을 다스리고 말을 바르게 하며, 백성의 잘못을 금지하는 것을 의(義)라고 한다.

공자의 도를 전한 제자에 증자가 있다. 본명이 삼(參)인, 증자가 이 점을 터득하고 부연해서 대학의 전 10장을 지었다고 한다. 이 장은 처음부터 끝까지 사람과 재물 두 가지를 말한데서 벗어나지 않는다.

재물로써 사람을 모으고, 사람으로서 자리를 지킨다. 그러므로 나라에는 재물이 없어서는 안 된다. 그러나 재물만 다스리면 그릇된 짓을 하는데 빠지기 쉽다. 그러므로 의로써 끝을 맺은 것이니 그 요점은 혈구(絜矩)에 있단다. 혈구는 'ㄱ자(곱자) 모양의 자를 가지고 잰다.'는 뜻으로 자기를 척도로 삼아 남을 생각하고 살펴서 바른길로 향하게 하는 도의의 길이다.

혈구지도(絜矩之道)를 『논어』에서는 '기소불욕(己所不欲)이면 물시어인(勿施於人)하라.' 했다. 즉 '자기가 원하지 않는 것을 남에게 베풀지 말라.'고 했다.

대학의 전(傳)에 나오는 혈구지도는 '나의 마음을 헤아려 남의 마음을 이해하는 것'이라 하였다.

윗사람이 나에게 무례하게 대함을 원치 않는다면, 반드시 나의 이런 마음으로 아랫사람의 마음을 촌탁(忖度)하여 역시 무례하게 그들을 부리지 말아야 한다. 또 아랫사람이 내게 불충하게 대함을 원치 않는다면, 또한 반드시 나의 이런 마음으로 윗사람의 마음을 헤아려 마찬가지로 불충하게 섬기지 말아야 한다.

그리하여 자기를 중심한 인간관계의 전·후·좌·우에 이르도록 사람마다 이와 같이 해 나간다면 천하는 균형과 조화 위에 화평하게 되리라 하였다.

이른바 천하를 화평하게 함이 그 나라를 다스림에 있다는 것은 윗자리에 있는 이들이, 늙은이를 늙은이로 섬기면 국민들이 효성에 감동되어 떨쳐 일어난다고 하였다.

또한 윗자리에 있는 이들이 어른을 어른으로 받들면 국민들이 공경에 흥기(興起)하며, 윗자리에 있는 이들이 외로운 이들을 불쌍히 여겨 은혜를 베풀면 국민들도 저버리지 않는다고 하였다. 군자는 이렇게 애휼(愛恤)히 여기는 마음으로 혈구지도(絜矩之道)를 지니게 된다고 하였다.

쉽게 말해서 늙은이를 늙은이로 섬김은 효(孝)이고, 어른을 어른으로 받들면 공손함(悌)이며, 외로운 이들을 불쌍히 여겨 은혜를 베풀면 사랑(慈)이다.

대구중리초등학구의 상리동 가르뱅이에는 대치골이 있다. 학교에서 거리는 약4.5km이상이 된다. 지난 12월 7일에 서부교육지원청 박순해 교육장과 함께 학생 등·하교용 통학차의 운영과 마중물 프로젝트 기부자 관계로 링컨대안학교와 설립교회인 기쁜소식교회를 방문하였다.

와룡산 중턱을 굽이굽이 돌고 돌아서 대치골에 들어서면서 박순해 교육장은 "대구에 아직 이런 곳이 있구나!"하고 몇 번을 되뇌곤 하였다. 열악한 학교환경을 생각해 주는 박순해 교육장의 독백 같은 말속에는 '내가 생각해도 이렇게 기가 찰 정도인데 중리학교 교장의 마음은 오죽하랴.' 하는 이야기로 들렸다. 이곳에는 아직도 초등학생이 3남매 거주하고 있다. 그 날 만난 학모는 "교육장님, 통학차를 다니게 해줘서 고맙습니다."며 연신 허리를 굽히며 인사했다.

주마간화走馬看花를 생각하며

노르웨이의 수도 오슬로에서 안네르스 베링 브레이비크라는 청년이 총기 난사를 일으켜 77명을 살해한 사건이 있었다.

국가범죄방지청 책임관 에릭은 세계적 관심을 집중시킨 연쇄살인범이자 테러리스트인 브레이비크의 범행에 많은 시간을 할애하여 설명하였다.

브레이비크는 오슬로의 정부 청사에 폭탄테러를 일으켜 8명을 사살하고, 이어서 집권당인 노동당의 청소년 정치캠프가 열리고 있는 우퇴야 섬으로 이동하여 총기를 난사하여 69명의 고귀한 생명을 죽였다.

정부청사는 국가범죄방지청과는 얼마 되지 않는 거리에 있다. 책임관 에릭이 보여주는 사진엔, 폭탄에 산산조각이 난 나무 도막 일부분이 여직원의 턱 밑에서 머리 위까지 뚫고 올라가 피를 철철 흘리며 옆 사람에게 부축되어 가는 참혹한 모습도 있었다. 실제 장면을 목격할 수 있는 거리에서 국가범죄방지청의 직원들은 그 모습을 보고 아연실색할 수밖에 없었단다.

브레이비크는 노르웨이가 다문화 되어가는 것을 반대하고 다만 극우적인 생각을 가지고 좌파 진영인 노동당(청소년 캠프 포함)을 옳지 않다고 생각하였단다. 그래서 그들을 모두 송두리째 없애기 위해서 대대적인 학살이라는 방법을 택했다고 한다.

검거 될 당시 사진을 보면, 브레이비크 왼쪽 어깨 밑에 붙어 있는 휘장에는 '다문화주의 배신자 총살면허' 라는 글자가 면허번호와 함께 찍혀 있었다.

노르웨이 국왕 하랄 5세는 이날 방송을 통해 '노르웨이는 이 모든 고통을 극복할 수 있을 것.' 이라면서 눈물을 흘렸다고 한다. 국민들에게 절대적인 존경과 추앙을 받는 국왕이라 국민들의 마음은 찢어질 듯 안타까움에 더욱 숙연해졌다고 한다.

9백여 년 전, 북부 유럽을 주름잡던 바이킹들이 가장 사랑한 도시 오슬로는 여름철은 물론이고 백야 현상이 일어나는 겨울에도 늘 젊음의 패기가 넘치는 도시로 알려져 있었다. 인구 5십만 명의 수도로 시골과 같은 한적함을 느낄 수 있었다. 1인당 국민소득이 9만 달러가 넘는 복지국가의 수도, 이 아름다운 물의 도시 오슬로가 브레이비크라는 청년에 의해 아수라장이 된 것이다.

국가범죄방지청이나 지방자치단체에서는 학교의 폭력에 대한 대책에 대하여 관심을 가지되 간섭을 하지는 않는단다. 학교에는 방화가 자주 일어난다. 그리고 18세 미만의 청소년은 절대 감옥에 가지 않아야 된다는 입장을 가지고 있는 것이 학교나 지방자치단체의 입장이란다.

브레이비크가 우퇴야 섬에서 노동당 청소년들에게 총격을 가할 때, 섬을 향해 달리던 노르웨이 경찰이 탄 배는 기우뚱거리고 가라앉으면서 쓸모없는 모습이 된다. 결국 민간인의 배를 이용했다는 이야기를 숨김없이 말하는 책임관 에릭의 모습은 진지했다. 잘못 된 모습도 외국인들에게 솔직히 말하는 모습을 우리들은 타산지석으로 삼아야 할 부분인 것 같았다.

주마간산(走馬看山)은 '말을 타고 가면서 산천을 두루 구경한다.'는 뜻으로 쓰인다. 자세히 살피지 아니하고 대충대충 보고 지나감을 이르는 말이리라.

그런데 원래는 주마간산은 주마간화(走馬看花)에서 나온 말이며, 당나라의 시인 맹교(孟郊)가 지은 「등과후(登科後)」에서 유래한다.

맹교는 마흔이 넘어 과거에 응시하기 시작하였지만 여러 번 실패하고, 마흔 여섯에 급제한다. 이 때 등교가 술좌석에서 읊조린 칠언절구의 시가 「등과후」이다.

지난 날 궁색하고 벼슬이 없을 때는 하나도 내 세울 것 없더니.
오늘 아침에는 우쭐함이 생겨 생각에 거칠 것이 없구나.
봄바람에 뜻을 얻어 세차게 말을 몰아 달려보니.
하루 만에 장안의 꽃을 다 보겠네.

남에게 내세울 것 없는 주제에 우쭐함으로 거칠 것이 없이 나선 학교폭력 예방 및 생명존중 교육 사례 연수는, 어느 프랑스 시인의 말처럼 "출발하기 위하여 출발한 것이다."라는 생각을 곱씹게 했다.

'우리들이 필요로 하는 것은 무엇인가?' 라는 동기 부여가 새삼 필요한 시점이다.

나의 발자취가
후세 사람의 이정표가 되리니

좀처럼 눈이라고는 구경 못하던 대구에 모처럼 뽀얀 눈이 많이 내렸다. 교정에 내린 눈이 너무 하얗고 쌓인 것이 보기 좋고 마음을 설레게 했다.

운동장에서는 방학 중인데도 순식간에 아이들이 모여서 눈을 뭉치고 던지고 굴리고 야단법석을 떨었다. 역시 눈이 오면 아이들과 강아지들이 좋아한다는 것은 빈 말이 아닌 듯하다. 잠시 후에 젊은 연인 같은 어른들도 보이고 모두가 신이 났다.

나도 하얀 눈 위를 걷고 싶어 운동장으로 나가 아무도 걷지 않은 눈 위를 걸었다. 문득 서산대사의 시가 생각났다.

들판의 눈을 밟고 가는 사람이여
갈팡질팡 걷지 마라
오늘 나의 이 발자취가
후세 사람들의 이정표가 되리니

踏雪野中去　不須胡亂行
今日我行跡　遂作後人程

  팔공산 대구교육연수원에 가면 건물 바로 앞뜰 돌에 이 한
시(漢詩)가 음각되어 있다. 연수생으로 올라온 사람들은 누
구나 대강당으로 들어가기 전에 돌을 발견할 수가 있다. 조금
만 관심을 가지면 돌에 새긴 서산대사의 시를 읽을 수 있고
금방 시의 내용을 알게 된다.

  이 시를 읽는 순간은 누구나 마음에 전율이 느껴지곤 한다.
'갈팡질팡 걷지 않을 것이며 나의 발자취가 결국 후세 사람
들의 이정표가 된다니 조심조심 나의 길을 가야겠다.' 는 생
각을 다지고 또 반추(反芻)하는 기회가 된다.

  처음 발령을 받았을 때의 순수한 마음이 떠오르고 열정이
일어나고 다시 백지의 마음으로 시작해야겠다는 다짐을 해
보기도 한다.

처음으로 줄을 매달 때의 그 팽팽함으로 교직관을 가질 것이며, 가르침에 느슨하지 않도록 교사관을 가질 것이고, 아이들을 향한 정열을 불태울 교육관의 자세를 가다듬는 계기가 되기도 함이리라.

평소 나름대로 위와 같이 한글 해석을 하면서 중얼거리던 이 한시(漢詩)가 오늘 문득 떠오르는 것은 정말 많은 눈이 내린 운동장을 걸으면서 나의 발자국을 보았기 때문이다.

만약 오늘 같은 날 산행을 하는 사람이 있다면 처음으로 걷는 사람은 발자국을 잘 내어 걸어야 하며, 처음 차를 몰고 큰길을 다니는 경우도 눈 밑의 세계를 상상해야 할 것이다.

특히 위험지구를 지나거나 걸어서 가는 경우는 더욱 신경을 곤두세워야 한다. 뒤따라가는 사람이 앞 사람의 다닌 길만 보고 무작정 걸음을 옮길지도 모르기 때문이다.

현 시대는 정치, 경제, 교육이 무목표적, 무목적적, 무계획적, 무의도적인 것처럼 비쳐지고 있다. 정치인은 있으나 마나 하다고 국민들은 인식하고 있으며 그들의 말에 싫증을 내고 있다.

교육은 백년지대계인데 현재는 사공이 많아 배가 산으로 가는 형국이다.

이것을 반면교사로 정치인, 행정가, 위정자, 종교인, 학자,

공인은 하얀 눈 위를 처음 걷듯이 말과 행동을 조심해서 실천해야 할 것이다.

메타(meta) 인지적으로 전자의 생각을 다시 한 번 더 생각해보면 말과 행동은 형이상학적으로 우리 모두의 마음 자세가 아니겠는가?

명심보감에도 '기뻐하고 성을 내는 것은 마음에 있고〔喜怒在心〕, 말은 입에서 나오기 때문에〔言出於口〕, 삼가고 신중하라.〔不可不愼〕' 고 하였다.

특히 오늘을 살아가는 앞선 사람들의 말이나 행동은 마땅히 다른 사람들의 모범이 되어야 한다.

얼마 전 학력향상우수학교 사례 발표장에서 양해동 교장선생님은 "경영자의 솔선수범이 참으로 중요하다는 것을 느꼈습니다."라고 했다.

먼저 솔선수범한다는 것은 언행이 일치되어 스스로 남에게 모범을 보인다는 뜻인데 얼마나 어려운 일이겠는가?

책임 있는 위치에 있는 사람은 '이리저리 갈팡질팡 걷지 않는 것〔不須胡亂行〕' 이 후세 사람들의 이정표가 되리라는 것은 자명(自明)한 일이리라.

땅을 자꾸 쓸면 황금이 나온다

　몇 년 전 근무하던 학교에서 시범학교 추진을 위하여 탐방으로 담양군내 ICT 연구학교를 방문하고 돌아오던 길에 어떤 식당에 들렀다. 아담한 식당에 들어서니 현관 벽에 경운조월(畊雲釣月)이라는 액자가 걸려 있었다. 글자 그대로 해석을 하자면 '구름밭을 갈고 달을 낚는다.'는 내용이다. 얼마나 낭만적이며 한가로운 모습의 운치가 느껴지는 글인가.

　밭갈 경(畊)은 밭갈 경(耕)의 옛글자이다. 경(畊)은 뜻을 나타내는 밭전(田)부와 음을 나타내는 井(정→경)으로 이루어진 형성문자이다. 정(井)은 가로와 세로로 테를 짜서 논과 밭을 가지런히 간다는 뜻이기도 하다. 낚시 조(釣)는 쇠금(金)

부와 음을 나타내는 勺(작→조)이 합하여 이루어진 글자이다. 액자의 글자인 경운조월(畊雲釣月)은 경(耕)과 조(釣)가 모두 형성이며 음도 정(井)이 경으로 작(勺)이 조로 바뀐 글자이다. 밭과 구름, 물(낚시)과 달이 높은 자와 낮은 글자로 배치되어 있음을 알 수 있다.

액자에 나타나 있지는 않지만 심고은사(心孤隱士)라는 뒷말로 이어지는 네 글자는 '마음은 외로우나 숨어사는 선비와 같다.'는 내용이다.

선비의 길을 노래한 조선시대 권호문의 시조에도 비슷한 구절이 나온다.

> 기회를 얻어 세상에 나가게 되면 임금과 백성을 위해 나의 모두를 헌신하고
> 알아주는 사람이 없으면 불평과 불만을 말하지 말고
> 달과 구름을 벗 삼아 자연 속에서 삶을 영위할 것이며〔釣月耕雲〕
> 부귀는 위험을 불러오는 단초가 되니 빈천하게 하는 삶을 즐기며 살겠노라.

그 액자를 읽는 순간은 '신선 같은 삶의 이야기구나.' 하고 무척 부러웠다.

그런데 주인아저씨의 해석 설명은 나의 생각과는 일치하지

않았다. 구름을 보면서 밭을 간다는 것은 새벽안개가 피어오를 때 잠에서 깨어나야 하고, 달 속에서 낚시를 하니, 밤중에도 농사일을 하든지 책을 읽어야 함의 부지런함을 액자 속의 글에 담았노라고 이야기했다.

내가 아주 어릴 때 할아버지께서는 이른 새벽이면 일어나셨다. 그리고 사랑채 쪽에 있는 삽짝을 활짝 여시고 싸리비로 바깥마당을 쓸고는 "에헴!" 기침을 하시고는 "동만아! 일어나거라. 마당 쓸어라." 하셨다.

내가 눈을 비비며 방문을 열고 나가면 "소지황금출(掃地黃金出)이야. 땅을 자꾸 쓸면 황금이 나와." 하셨다. 나는 정말 땅을 자꾸 자꾸 쓸면 황금덩어리가 땅에서 불쑥 솟아 나오는 줄 알았다. 국어 교과서에 나오는 '의좋은 형제'가 길에서 주운 삽화 같은 둥근 황금 덩어리가 번쩍번쩍 빛을 내며 진짜로 땅에 묻혀 있는가 하는 생각을 하였다.

할머니는 한 술 더 떠서 "소제(掃除)하면 황금이 나온다. 그리고 문을 활짝 열어야 사람이 드나들기 쉽고 개도 나다니지. 그래야 복이 들어와." 하셨다. 그 당시엔 청소를 소제라고 했으니 어디든지 깨끗이만 하면 황금덩어리가 나오는 줄 알았고, 문을 활짝 열어야 사람, 개, 복이 들어오는 줄 알았다. 개문만복래(開門萬福來)를 할머니는 항상 그렇게 말씀하셨다. 사람과 개와 복이 드나드는 문이 열려 있어야 사람 사는 맛이 난다고 하시고 동네 사람들이 우리 집에 오는 것을 좋아하였다.

내가 교직에 나가 학생들에게 남구만의 옛시조 '동창이 밝았느냐 노고지리 우지진다.' 를 가르치면서 사람은 부지런해야 함을 강조 하였다. 늦잠 자는 아해를 경책하기 위한 교훈적인 시조라고 가르쳤다. 그 때 문득 소지황금출(掃地黃金出)의 본래 뜻이 갑자기 생각이 나기 시작하였다. 할아버지가 나에게 일찍 일어나고 땅을 자꾸 쓸면 황금이 솟아 나온다고 한 것은 '게으르지 말고 부지런하라.' 는 훈화를 위한 말씀인 것을 깨달았다.

그 이후 학급에 급훈으로 '소지황금출' 이라는 글을 써서 교실 전면에 우리들의 약속 난에 붙였다. 우리는 항상 부지런하면 이 세상에서 이루지 못할 일이 없다고 하면서 학생들에게 "소지황금출!" 하고 가끔씩 큰 소리로 외우게 하였다.

그렇다. 우리에게 최대의 적은 게으름이다. 태만이야 말로 우리들이 가장 경계하고 경계해야 할 최대의 장애물이 아닐 수 없다. 작심삼일이 그러하고 내일로 미루고 내년으로 미루는 일이 모두 그러하다. 도연명의 시에도 '마땅히 학문에 힘쓰라. 세월은 사람을 기다리지 않는다.' 고 근학의 중요성을 말하고 있다.

좋아하는 이는
기뻐하는 이만 못하다

　연탄불을 피우던 70년대, 사촌형은 충남 강경고등학교에서 미술교사로 있었다. 산수화 전공으로 국전에도 작품을 내어 특선에 여러 차례 입상하였다.

　추운 겨울 무주 구천동에 산수화 스케치를 하고 돌아온 날, 너무도 피곤하여 하숙집에서 깊은 잠에 빠져 들었다. 아침에 하숙집 주인아주머니가 방문을 열어보니, 사람이 벽에 기댄 채 앉아서 무의식적으로 발을 돗자리 방바닥에 문질러 피가 굳어 있었고, 사람의 눈동자는 풀린 상태였다. 연탄가스 중독으로 신장이 망가지고 혈액이 응고되어 죽음 일보직전이었다.

급하게 충남대학교 병원에서 응급처치를 하고, 서울 경희의료원으로 옮겨 혈액투석을 하여 목숨을 유지하였다. 그 때부터 40여 년 간, 이틀마다 인공적으로 혈액투석을 받으면서 교직생활을 해 왔다.

불편한 몸으로 근면 성실하게 근무하며 그림을 그렸다. 사촌형이 그려서 벽에 걸어 놓은 그림을 보면서 홍운탁월(烘雲拓月)에 대한 생각을 잠시 한 적이 있었다. 홍운탁월은 여백의 미를 강조하는 동양화 기법이다. 그 뜻은 달을 그림으로 그리지 않고 주변의 구름이나 색의 농담으로 마치 달이 있는 것처럼 보이게 하는 것이다.

동양회화에서는 흰 부분의 농담, 흐림, 무리 등을 취하기 위하여 묵훈(墨暈)을 사용한다고 한다. 색깔을 칠할 때, 한 쪽을 짙게 칠하고 다른 쪽으로 갈수록 차츰 엷게 나타나도록 하는 방법이 있고, 물을 바르고 마르기 전에 물감을 먹인 붓을 대어 번지면서 흐릿하고 깊이 있는 색이 살아나도록 하는 방법이 있다고 한다.

며칠 전 창의와 자율 경영마인드 제고를 위한 교장공모제 운영학교 연수회에서 운영 개선 계획을 발표한 적이 있었다. 곰곰이 생각을 하니 물을 먼저 칠한 바림기법의 묵훈 같은 생각이 들었다. 자기가 저지른 일로 말미암아 생긴 재앙을 자작지얼(自作之孽) 또는 자작얼(自作孽)이라 한다.

다른 한편으로는 운취필과 묵필 두 자루를 사용하는 바림기법도 아니었을까하는 서운함도 생겼다. 그렇지만 불천노(不遷怒)하고 불이과(不二過)하는 것은 좋은 일이라면서 위안을 삼았다.

불천노는 갑에 대한 노여움을 을에게 옮겨서 함부로 화풀이를 하지 않는 것이고, 불이과는 두 번 다시 잘못을 되풀이하지 않는 것이다.

백 가지 행동의 근본 중에서 최상위는 참는 것이라고 하였는데 삶에서는 실천하기가 쉽지 않다.

상한 기분을 억제키 위하여 삼국지를 읽으니 홍운탁월(烘雲拓月)과 같은 내용이 있었다. '데운 술이 식기 전에'였다.

동탁의 수하에 있는 장수 화웅은 원소의 연합군과 사수관 싸움에서, 장수 포충을 한칼에 목을 베고, 장수 조무를 대도로 쪼개며 말 아래로 굴러 떨어뜨리고, 장수 유섭은 삼합도 겨루지 않고 목을 베고, 큰 도끼를 들고 성나 부릅뜬 눈으로 달려 나온 장수 반봉도 한 칼로 목을 베어 버렸다.

연합군의 원소, 조조, 원술, 공손찬 등은 화웅의 뛰어남에 모두가 대경실색한다. 이 때 관운장은 "화웅의 목을 베 장하

(帳下)에 바치오리다." 한다

관운장은 조조가 건네주는 술이 식기도 전에 화웅의 목을 베어 말안장에 달고 나타났다. 화웅의 용맹함을 자세히 묘사하였다. 그러면서 홍운탁월법을 써서 관운장의 화웅 목 베는 장면을 영용한 모습으로 뚜렷하게 부각시키고 있다.

관운장의 이야기는 삼국지의 백미이다. 어떤 독자는 관운장이 죽는 장면이 나온 이후의 속편은 잘 읽지 않았다고 한다. 아마 책의 내용이 관운장을 직접 표현하지 않고 주변의 인물들을 표현하여 마치 관운장이 용맹한 것처럼 보이게 하는데 필력이 떨어진 것이리라.

논어에 보면 '지지자(知之者)는 불여호지자(不如好之者)요.' 즉 진리를 밝게 하는 이는, 이것을 좋아하는 이만 못하다. 그리고 '호지자(好之者)는 불여락지자(不如樂之者)니라' 하였다. 즉 이것을 좋아하는 이는, 이것을 마음에서 얻어 기뻐하는 이만 못하다는 말이다.

아무리 언짢고 속상하는 일이 있더라도, 기뻐하고 성내는 것은 마음에 있는 것이리라. 그러니까 좋아하는 일을 마음에서 만들어 기쁨과 즐거움으로 승화 시키는 방법이 최상 아닐까?

봄은 엄동설한에도
나무 끝부분에 있다

　요즘 교육자의 한 사람으로서 여러 가지 고민을 해 보았다. 학교의 분위기가 얼마 전까지만 해도 교사의 체벌, 성폭력, 인권 침해 논란으로 나라 전체가 떠들썩하고 시끄러웠다. 요즘엔 학교 폭력 때문에 자살 사건이 일어나고, 학생인권조례 제정으로 교육의 방향이 우왕좌왕하고 있다.

　그렇다고 교육자조차 흔들리면 안 되겠다는 생각을 확고히 하고는 있지만 사실 걱정은 태산이다. 교육은 홍익인간의 이념 아래 모든 국민으로 하여금 인격을 도야하도록 되어 있다. 교육은 유행에 따라 흥정되는 물건이 아니라 백년지대계라는 것을 전 국민이 알고 힘을 모아 신중하게 실천해야 한다.

벌써 학생들이 개학하는 2월이다. 답답한 마음에 날씨까지 최고 추위로 올 겨울의 기온을 내려가게 할 모양이다. 세한(歲寒)이란 말은 주로 설을 전후하여 매우 추운 겨울을 말한다. 세한삼우는 소나무, 대나무, 매화를 말한다. 예로부터 송죽매(松竹梅)를 세한삼우(歲寒三友)라고 하여 시나 그림의 소재로 삼아왔다.

그리고 세한삼우 중에서 대나무, 매화에다가 난초와 국화를 더하여 사군자(四君子)라 한다. 중국의 진계유가 매·란·국·죽(梅蘭菊竹)을 사군자라 불렀다는 기록이 있고, 고결한 아름다움이 군자와 같다는 뜻으로 문인화의 대표적 소재가 되었다고 한다.

특히 매화는 엄동설한을 이겨내고 다른 꽃보다 앞장서서 꽃을 피워서는 맑은 향기를 자랑하며 뽐낸다. 줄기는 생기 있는 용(龍)모양이며, 특히 고목이 된 매화나무 줄기는 철간(鐵幹)이라 하며 신선같이 고고한 자태가 군자답다.

도원은 '춘재초대설한(春在梢帶雪寒)'이라 하여 '봄은 엄동설한에도 나무 끝부분에 있다.'고 보았다. 봄이 되어서 꽃이 피는 것이 아니라 매화의 가지 끝에서 봄이 나온다고 하였다. 매화가 봄을 열어 주는 것이란 뜻이다.

매화의 색깔은 백색의 홑잎인 꽃이 청초하다. 그 종류는 백색 겹잎, 붉은 색 홑잎, 붉은 색 겹잎 등으로 다양하다. 그래서 색깔과 자라는 곳, 피는 시간에 따라서 백매, 홍매, 야매(野梅), 설매, 월매 등으로 이름이 불린다.

백매는 청초하고 그윽한 향기를 풍기며 세속을 벗어 난 정취가 있어 사군자의 하나로 삼게 되었다. 이를 소재로 한 그림을 사매(寫梅)라고 한다. 그 이유는 매화의 모습이 아닌 매화의 정을 표현하는 것이기 때문이란다.

매화는 자람의 장소에 따라서 가지 뻗음이 다르다. 화판(花瓣)으로 부르는 꽃잎은 희게 하여 사매를 묘사하였다.

산청엔 유명한 삼매(三梅)가 있다. 모두 오래되고 특징이 있는 매화다. 가장 오래 된 매화는 예담남사마을의 원정매로서 수령이 700년이 넘었다고 하는데 지금은 고목의 옆 부분에서 가지가 나와 있었다. 고려 말의 문신 원정공 하즙이 심어 31대를 내려왔다는 매화로 호를 따서 원정매(元正梅)라 부른다.

집 양지 일찍 심은 한 그루 매화
찬 겨울 꽃망울 나를 위해 피었네
밝은 창에 글 읽으며 향 피우고 앉았으니
한 점 티끌도 오는 것이 없어라.

(원정공)

그리고 단속사지의 정당매는 수령이 600년이 넘었고, 남명이 단속사에 들린 사명당에게 주었던 시가 돌에 새겨져 있었다.

꽃은 조연의 돌에 떨어지고
옛 단속사 축대엔 밤이 깊어져
이별하던 때 잘 기억해 두시게
정당에 푸른 열매 맺었을 때를

(조식)

남명매는 수령이 500년이 넘었다고 하는데, 남명이 제자들을 가르쳤다는 산천재 앞에 지리산 천왕봉을 바라보며 고고(孤高)히 버티고 있었다.

아직 겨울이라 산청의 명물인 삼매도 엄동설한의 추위와 눈보라를 이겨내고 있는 중이었다. 나뭇가지는 굳고 의지가 강한 자태여서 높은 품격을 엿보게 할 뿐이었다.

며칠 후면 앙증스런 봉오리 속에 봄을 간직하였다가 어느 꽃보다 제일 먼저 꽃을 피우리라. 그 산뜻한 향기는 봄기운을 감돌게 하여 힘들어하는 모든 이들에게 분명 희망을 전령하리라.

먼 곳을 갈 때에는
가까운 곳에서 출발하라

　가을은 독서의 계절이다. 독서삼여(讀書三餘)에 대한 내용을 개학식 때 방송을 통하여 학생들에게 이야기 하였다. 마침 그 날은 비가 내리고 있었기 때문에 실내생활지도에 어려움이 있을 것 같아서 짧게 훈화하였다. 책 읽기는 '하루 중 밤에 읽어야 하고, 비가 오는 날 읽어야 하고, 계절은 겨울이 좋다고 하여 삼여(三餘)라고 한다.' 는 내용으로 설명하였다.

　이 가을에 책을 읽는다면 고전(古典) 읽기를 권하고 싶다.

　동양의 고전은 예부터 전해 내려오는 전통적인 의식이나 경전을 말한다. 또 과거의 작품이면서 질적으로 수준이 높아야 하며 읽으면 교훈적이거나 후세 사람들에게 모범적이어야 하는 책을 말하기도 한다.

우리나라에서는 갑오개혁 이전에 이루어진 뛰어난 작품들을 고전이라 한다.

서양의 클래식은 문학, 예술 작품들이 예전에 만들어진 것으로 시대를 초월하여 높이 평가되는 것을 말한다. 또 고풍스럽고 심오한 의미를 가지며, 옛날에 저작되고, 영원성을 가져야 하는 조건을 갖추어야 한다는 것이다.

T.S 엘리어트는 『고전이란 무엇인가?』에서 고전의 조건을 정신의 완숙, 언어의 완숙, 그리고 보편적 문장의 완전성 등을 꼽고 있다.

이런 조건을 갖춘 책으로 동양의 사서삼경을 적극적으로 추천하고 싶다.

『중용』에 보면 '먼 곳을 갈 때에는 가까운 곳에서 출발하라.〔行遠必自邇〕'고 하였고, '높은 곳을 오를 때는 반드시 낮은 곳에서부터 시작하라.〔登高必自卑〕'고 하였다.

실천철학인 유교가 항상 중시하고 출발의 중심으로 삼는 것이 '가깝고 낮은 곳'이다. 가까운 곳이라고 함부로 아무렇게나 갈 수는 없다. 낮은 곳이라고 초석도 다지지 않고 멋대로 쌓을 수는 없다. 가까운 곳, 낮은 곳은 모두 기초에 해당되는 부분이다. 기초는 무조건 튼튼해야 한다.

교육도 기초교육이 중요하다. 기초교육은 반복에 의해서 무의식적으로 습관이 되면 된다. 학생들에게 개인차를 많이 요구하지도 않기 때문에 동일한 교육이 가능하며, 철저히 해야 한다.

학생들이 가지고 있는 소질, 적성, 특기, 흥미 등의 잠재능력을 발현시키는 것이 교사의 할 일이다. 그래서 학생이 가지고 있는 특성인 잠재능력 계발을 위해서도 기초교육을 철저히 하여야 한다. 특히 교사인 전문가가 하는 것이 절대적이고 필수적이다.

교육의 우선순위인 기초교육은 자연스레 인성교육이 먼저이다. 인성교육의 실천적 방법으로는 신언서판(身言書判)이다. 몸을 바르게 하고, 말을 조리 있게 하며, 글을 잘 쓰며, 판단력이 있어야 한다. 옛날 관리를 임명할 때에도 서·판 시험을 먼저 보고, 그 다음 합격한 사람들에게 신·언을 보았다고 한다.

열등하고 약한 학생들을 위하여, 힘들지만 기초교육을 철저히 하는 것은 당연하다. 행동하는 모두는 '서로 위로하고, 격려하며, 협동하자' 고 동의하여야 한다. 소리 소문 없이 잔잔하게 기초를 다져 나가는 것은 책무이다.

순자도 '반걸음을 걷지 않으면 천리에 이르지 못할 것이

다. 적게 흐르는 물이 모이지 않으면 강을 이루지 못한다.'고
하였다.

　아직도 행정동명으로 쓰이는 '가르뱅이'와 '새방골'은 중
리초등학교의 학구이다. 가르뱅이의 뜻을 그 동네에서 태어
나고 자란 연세 지긋한 사람에게 물어 본 적이 있었다. 거렁
뱅이, 걸뱅이, 가난배이, 가난비, 가난뱅이가 변화하여 가르
뱅이로 변하였다고 한다. 거렁뱅이, 걸뱅이는 사투리로써 소
설 속에 많이 나오는 말들이다. 또 가난한 사람을 낮잡아 이
르는 말에 가난배이, 가난비, 가난뱅이가 있다.

　현재 30%가 되는 이곳의 학생들을 학교에 오래 붙들어 두
기 위하여 통학차량을 만들어 운행하고 있다. 토요일에도 학
교에 불러 책(고전)을 읽히고, 기초미달학생들을 위하여 '아
름이 반'을 만들어 교사들이 가르치고 있다.

　맹자는 '구하면 얻고〔求則得之〕 놓으면 잃어버린다〔舍則
失之〕. 구하는 것은 얻는데 유익한 것이니〔是求有益於得也〕,
그것은 나에게 있는 것을 구하기 때문이다.〔求在我者也〕'고
하였다. '행원필자이(行遠必自邇)하라.'

　먼 곳을 갈 때는 가까운 곳에서 출발함이 당연한 이치이리
라.

추락하는 것은 날개가 있다

　얼마 전 충북 괴산군 칠성면 율지리에 있는 천연기념물 제221호로 지정 된 미선나무 군락지를 찾아 갔다. '미선(尾扇)'의 의미는 가늘게 쪼갠 대나무를 둥글게 펴고 실로 단단히 묶은 후 종이를 발라서 만든 둥근 모양의 부채를 말한다. 주로 대궐 안 잔치 때, 벌이던 춤과 노래에 쓰던 자루가 긴 부채모양의 의장(儀仗)을 말한다. 쉽게 말해서 임금님의 옆에서 두 명의 궁녀가 들고 서 있는 부채가 바로 미선이다.

　열매 모양이 미선(尾扇)과 같이 생겼다고 해서 '미선나무'라고 한단다. 오직 우리나라의 일부 지방에서만 자생하는 까닭에 천연기념물로 지정되었다.

특징으로는 가지는 자줏빛이 돌고 끝이 개나리 줄기처럼
처진다. 어린가지를 손으로 만졌을 때 네모진 모양이면 틀림
없이 미선나무란다.

미선나무의 종류는 꽃의 색깔에 따라서 구분한다. 흰색 꽃이
피는 것이 기본종이다. 분홍미선, 상아미선, 푸른미선, 둥근미
선 등이 있다. 모두 줄기의 색깔이 대부분 꽃의 색깔이란다.

열매는 껍질이 얇은 막 모양으로 돌출하여, 날개를 이루어
바람을 타고 멀리 흩어지는 시과(翅果)이다. 시과의 대표적
인 열매로는 단풍나무, 물푸레나무의 열매가 있다.

이 날개 열매를 한참 관찰하다가 『추락하는 것은 날개가
있다』는 이문열의 소설을 잠깐 생각해 보았다. 주인공의 총
에 의해 쓰러진 여주인공은 "이렇게 추락하는 게 안쓰러
워…,"라는 말을 남긴다.

잉게보르크 바하만의 '유희는 끝났다.' 하는 시구에 '지금
은 대추야자 씨가 싹트는 아름다운 시절! / 추락하는 이들마
다 날개가 달렸네요.' 하였다. 이 시에서의 추락하는 이들마
다 날개는 모두 아름다움이다.

가끔씩 사람들은 '어떻게 사는 것이 잘 사는 것일까?' 한다.

지난 8일과 9일은 구미금오산관광호텔에서 '초등교실 변
화 인식 제고를 위한 학교장 특별 직무연수'가 있었다. 대구

시교육청 우동기 교육감이 '행복의 5대 요소'를 특강하였다.

긍정적 정서, 몰입, 돈독한 인간관계, 존재의미와 자존감, 자아실현을 위한 꿈과 끼를 설명하였다. 영어의 Flourish는 긍정적인 생각에서 나오는 즐거움의 동작이고, 멋진 마무리의 인상적인 활동을 의미함도 알았다. 동사로는 번창하고, 잘 자라며 잘 지내는 것임도 알게 되었다.

이튿날, 새벽 일찍 금오산 중턱의 대혜폭포를 향해 줄기차게 걸었다. 문득 김동인의 단편 「광화사(狂畵師)」에 나오는 구절이 떠오른다. 바람이 있고, 암굴이 있고, 산초 산화가 있고, 생물이 있고, 절벽이 있고, 난송(亂松)이 있고 - 말하자면 심산이 가져야 할 유수미(幽邃味)를 다 구비하였다.

금오산 관리사무소에서 200m를 오르니, 오른편 커다란 바위에 '金烏洞壑(금오동학)'이라는 글씨를 발견할 수 있었다. 글씨의 크기는 길이가 1m, 가로 70cm가 됨직한 초서체의 글씨로 새겨져 있었다. 조선 중기의 명필 황기로(黃耆老)의 필적으로 알려져 있다. 현재는 오랜 세월에 걸쳐 마모되어 판독이 어렵기는 하지만, 어렴풋이나마 글씨를 더듬어 볼 수 있다.

여기에서 '금오(金烏)'란 금오산을 말한다. 그리고 '동학(洞壑)'은 '동천(洞天)'과 같은 의미로 깊고 큰 골짜기를 말한다. 즉 금오산의 깊고 그윽한 골짜기를 말하는 것이다.

대혜폭포에 도착하니 바위 위에 잔솔이 서 있고, 잔솔 아래는 이끼들이 생기 얼음을 자랑한다. 폭포 위 바위를 올려다보니 몇 포기 들꽃들이 노란 잎을 벌리고 있다. 폭포의 부서지는 가는 물줄기 바람에 흔들리는 초목들이 부채살 햇빛에 눈부셔 고개를 돌리고 있다.

도선굴 입구엔 멀리 외지에서 온 듯한 중년의 아낙이 도선의 좌선대에 앉아서 동트는 방향을 바라보며 지그시 눈을 감고 있다. 아마 참선 하던 도선을 생각하며 몰입하는지도 모른다. 몰입은 즐거움이고 행복의 요소이다.

내려오는 길, 정년이 며칠 남지 않은 교장들이 눈에 띄었다. 미선나무의 종류가 색깔에 따라 다르듯이, 그들이 이루어 놓은 일들도 다양하리라. 사람마다 어떤 생각을 가지고 있는지 모르지만, 칠성초등학교 박영춘 교장은 "학교장 특별 직무연수에 교장이 오는 것이 당연하지 않느냐?"고 반문한다. '어떻게 살았느냐?' 보다는 '어떻게 사느냐?' 의 방식이 중요하리라.

대추야자 씨가 싹트는 아름다운 시절과 같은 과거를 보냈던 그들이, 천연기념물 시과(翅果)의 미선나무 열매처럼 익과(翼果)되어, 그저 바람을 타고 멀리 흩어지는 날개만이 되기를……

반사적 광영

옛날 임금이 잡으신 손은 절대로 다치거나 마구 사용하여서는 되지 않기 때문에 비단으로 감싸고 다녔다고 한다. 아마그 존귀한 손의 소유자는 집안 대대로 가문의 영광이 되어 성은이 망극하였을 것이다. 그 성은이 망극한 것이 무한한 행복의 극치를 이루어, 다른 사람들 보기에는 반사적 광영을 누리는 것으로 비쳤을 것이다.

설령 죄를 지어 유배를 가더라도, 의금부 도사조차 감히 그손만은 건드리지 못하고 티끌도 범접하지 못하도록 눈을 부라리며 살폈다고 하니 말이다.

피천득은 남의 광영을 힘입어 영광을 맛보는 것을 반사적

(反射的) 광영(光榮)이라 하였다. 그리고 사람은 제 잘난 맛에 사는 것이 아니고 남 잘난 맛에 산다고 하였다.

　유치원 아이들이 식당에서 점심 먹을 때, 볼을 가만가만 만져주면 집에 가서 부모님께 '원장 선생님이 얼굴을 만져줬다.'고 자랑하는 날 잠을 자면서 꿈을 꾼다는 이야기를 들었다. 초등학교 저학년 아이들도 귀엽다고 번쩍 안아 주면, 옆에 서 있던 아이는 더 높이 안아 달라고 한다. 그리고 교실로 쏜살같이 달려가서 다른 아이들에게 '교장 선생님께 안겼다.'고 자랑을 신나게 한단다. 아이들에겐 이것도 일종의 반사적 광영이 아닐까 생각을 해 본다.

　영국에서는 기사가 헨리6세에게 지팡이로 맞아 머리가 깨어져 피가 난 것도 가문의 큰 영광이라고 적은 것을 보면 동서양을 막론하고 반사적 광영은 항상 있었던 듯하다.

　그런데 요즘 선거철을 앞두고 이 반사적 광영을 이용하려는 정치인들이 너무 많다는 것이 문제다. 특히 대구에서는 '친○'이라는 명함이나 선전 광고 문구가 난무한다. 어떤 사람은 그 사람의 뒤에 섰다가 우연히 사진이 찍혀서 덕을 톡톡히 보고 정치인의 반열에 우뚝 선 사람들도 있었다고 한다. 그리고 세상만사는 새옹지마(塞翁之馬)라고 하면서 횡설수설하는 정치인들도 유난히 많다는 것이다. 인심은 천심이라 하였다.

남의 잘난 맛에 살지 말고, 정말 제 잘난 멋에 살고, 제 잘난 맛에 사는 세상이 되었으면 좋겠다.

낙생어우(樂生於憂)라는 말이 있다. 즐거움은 언제나 걱정하는 가운데에서 나온다는 말이다. 걱정을 하다가 보면 정말로 좋은 일이 생긴다. 이것도 일종의 반사적 광영이 아닐까 생각을 해 본다.

'기초학력을 어떻게 하면 올릴 수 있을까?' 걱정하는데, 겨울방학을 맞이하여 통학차량 2대를 서부교육지원청으로부터 지원을 받았다. 그리고 페이스 북 어깨동무 이승로 회장과 회원들이 겨울 방학 때 학교를 방문하였다. 손에는 피자를 한 판씩 들고, 생일 선물비용을 아껴 쓰고 모은 돈을 가지고, 서부교육지원청 박순해 교육장과 함께 왔다. 어깨동무는 상대편의 어깨에 서로 팔을 얹어 끼고 나란히 선 어린아이를 의미한다. 그런데 페이스 북 어깨동무 회원들은 마중물의 재능기부자에 등록되어 있는 사업을 하는 어른들이다.

설 명절을 전후하여 사업의 이익금 얼마를 모아서 보람 있게 쓰고 싶었는데, 열약한 환경의 아이들이 공부하는 중리초등학교를 떠올리게 되었단다.

모임 목적의 성격을 '어깨를 겯다' 는 취지로 모이게 되었다고 한다. 아마 어깨를 나란히 대고 상대의 어깨 위에 서로 손을 올려놓으려는 필요성도 있었겠지만, 보람이라는 목적을 위하여 행동을 서로 같이하려는 의도가 많았으니 존경받을 만한 분들이다.

순기능이 있으면 역기능도 있다. 당나라 조재례는 '안중정(眼中釘)'과 '발정전(拔釘錢)'으로 악명 높은 탐관오리이다. 절도사를 오래하면서 긁어모은 돈으로 고관대작에게 상납하여 좋은 고을의 절도사에 영전하게 되었다. 그 때 고을의 백성은 "우리의 피땀 어린 돈을 빼앗아 먹던 절도사가 떠나게 되었으니, 마치 '눈에 박힌 못〔眼中之釘〕'이 빠진 것 같다."라며 좋아하였다.

이 말을 전해들은 조재례는 앙갚음을 하기 위하여 1년만 더 유임시켜 줄 것을 뇌물로 조정에 청원하였다. 그리고 다시 눌러 앉은 그 곳에서 '못 빼기 돈〔拔釘錢〕'이라 일컫고 집집마다 1년 동안 천 푼씩 내라는 명령을 내렸다. 이렇게 모은 돈이 무려 천관이 되었다고 한다. 돈을 내지 않는 사람은 투옥하거나 태형에 처했다고 하니 이것은 반사적 광영의 역기능 전형이라 할 수 있다. 누구든지 남의 광영에 힘입어 영광을 맛보는, 반사적 광영엔 더욱 유의하여야 하리라.

코끝도 보이지 않는데
누구와 소통할까

　초임 교사 시절 선배 선생님들의 술좌석엔 반드시 따라 가야만 되고 술은 의무적으로 마셔야만 되는 줄 알았다. 모(某) 선배 선생님은 가끔씩 과음을 하시곤 했지만 학교에 결근하시는 일은 없었다. 어느 날 몸이 너무 좋지 않아서인지 결근계를 제출하셨다. 이웃에 있는 탓으로 결근계를 가지고 가다가 문득 내용이 몹시 궁금하여 봉투 속을 꺼내어 보게 되었다. 글씨는 또박또박 정성을 들여 붓으로 일필휘지한 한문이었다.

　'우연(偶然) 득병(得病)하야 출근(出勤) 불능(不能)이오니 차지양지(此之諒知)하시기 앙망(仰望)하나이다. 72년 모월 모일 敎師 尹○○ 拜上.' - 우연히 병을 얻어 출근을 못하게 되오니 너그러운 마음으로 헤아려 주시기를 우러러 바라옵나이다. 72년 모월 모일 교사 윤○○ 배상 - 으로 해석이 된다.

출근을 못할 정도로 술이 취하였는데 글씨는 조금도 흐트러짐이 없이 반촌(班村)가의 풍모를 지니고 있었다. 의심이 생겨서 며칠 후 사연을 여쭤 보았더니 편지는 평일 붓글씨 연습을 할 때 예비로 써 둔 것이라고 하였다.

어느 날 그 선배 선생님의 집에서 붓글씨를 쓸 일이 있어서 함께 한자를 쓰다가 결근계를 발견할 수 있었다. 나는 슬쩍 선배 선생님의 글씨체로 흉내를 내면서 결근계를 쓰는 연습을 하였다. 갑자기 장난기가 발동한 나는 '우연(偶然) 득병(得病)'을 '우연(偶然) 주병(酒病)'으로 고쳤다. 우연히 병을 얻은 것이 아니라, '우연히 술병을 얻어'로 고치고 선배 선생님 결근계를 은근 슬쩍 바꿔치기를 했다.

그런데 선배 선생님은 다시는 학교를 결근하시는 일은 없었다. 내가 쓴 결근계는 아무 소용이 없는 휴지가 되고 말았다. 그 당시 나는 선배 선생님께 죄를 지은 것 같아 고민에 고민을 한 탓으로, 그 일이 응어리가 되어 두 사람 사이의 의사나 인정이 이전처럼 부드럽지가 못하였다.

나는 이후 술좌석에 어울리지 않고 선배 선생님을 슬슬 피해 다니기만 하였더니 그 선배 선생님은 "박 선생 요즘 비단불견(鼻端不見)이야!"하셨다. 순 경상도식 해석을 하면 '최근에는 코끄티도 못 본다.'는 뜻이다. 얼마나 해학적이고 듣기에도 부담 없는 말인가. 그 선배 선생님은 교무부장을 하시면서 출석부의 통계처리 때 온점(·)은 빈 칸의 아래 부분 1/3 되는 곳에 찍어야 하며, 사선은 원칙이 좌상우하로 그어야 하고, 끝에 칸에 막음을 하면, 주로 부기에 사용하지만 우상좌하로 그어야 한다면서 자상히 일러주곤 하였다.

또 학교에서 아주 화나는 일이 있으면 "구비(狗鼻, 廐肥)!"하셨다. 우리말로 해석을 하면 앞에 것은 '개 코를!'이고 뒤에 것은 '외양간의 쇠똥!'이란 의미란다. 최근에 이러한 말을 떠올려보면 피식 웃음이 나오지만 그래도 그 시절이 마냥 그립기만하다.

코 비(鼻)도 아마 옛날에는 상형인 스스로 자(自)를 코로 썼던 것 같다. 선배 선생님은 비단(鼻端)을 비단(鼻斷)으로 쓰기도 하였다. 둘 다 의미는 '코끝'이 된다. 코끝을 경상도에선 코끄티라고 말하기 때문에 우리들에겐 자주 '코끄티도 안 보인다.'고 이야기 하였다.

요즘엔 소통(疏通)이라는 말이 자주 쓰인다. 소통은 물이 잘 흐르게 하고 전하기만 하면 잘 통한다는 뜻을 가지고 있다. 소(疏)는 짝필(疋)부에 나오는데 짝은 배필(配匹), 피륙의 한 필(疋), 두 필(疋)에 쓰인다. 통(通)은 속이 빈 것을 뜻하며 쉽게 빠져 나가는 것과 꿰뚫어 본다는 의미도 있다.

그래서 소통은 '막히지 아니하고 서로 통하는 것, 뜻이 서로 통하는 것, 속이 트이고 도리(道里)와 조리(條理)에 밝음.'의 의미임을 알 수 있다.

소통은 규칙이 있어야 한다. 짝이 있기 때문에 전달이 서로 상호 통행이 되어야 하고, 또 꾸밈이나 거짓이 없어야 하며 든든한 신뢰가 바탕이 되어야 한다. 대화도 소통이라 보면 상대가 있어서 맞대응하는 자세가 필요하다.

요즘 젊은 사람들은 맺고 끊는 것이 분명하다. 우물쭈물 할 것도 없이 규칙에 의하여 또는 법에 의하여 처리하는 것은 누구의 눈치도 보지 않고 단호하다. 세대 차이로 젊은 사람들에게 배울 것도 많고 들을만한 가치가 있는 것도 많다. 여든 살 먹은 사람의 심정으로 젊은이들에게 다가가 새로운 것을 배우고 옛것을 가르쳐 주려 하지만 비단불견(鼻端不見)이다. 코끝도 보이지 않는데 누구와 소통할까.

크리스마스, 사람을 생각하는 날

어린 시절 크리스마스가 되면 괜히 산타클로스 할아버지가 기다려졌다. 정말로 산타클로스 할아버지가 굴뚝을 타고 들어와 선물을 주고 간다고 생각하면서 양말을 문고리에 걸어두거나 돌쩌귀에 걸어두기도 하였다.

그 때는 6.25전쟁 이후라 구호물품이 많이 들어왔다. 초등학교 때 크리스마스가 가까워지면 동무들과 집에서 가까운 영락 교회에 자주 갔었다. 특히 교회에 가면 연필과 학용품도 받고 맛있는 과자를 얻어먹던 기억이 새롭다. 또 한경직 목사가 '최후의 만찬' 그림에 나오는 유다의 손에 든 주머니에는 은돈 서른 냥이 들어있다고 하였다. 그 주머니에 들어 있는

돈은 예수를 배반해 로마병사에게 판돈이며, 유다는 결국 죄값으로 자살을 하였다는 설교를 하면서 나쁜 사람이 절대로 되지 말라고 하던 이야기도 생각난다.

그리고 크리스마스 이브에는 일찍 잠자리에 들어서 좋은 꿈을 꾸고 있으면 산타클로스 할아버지가 루돌프 사슴이 끄는 수레에 선물을 싣고 온다고 하였다. 산타클로스 할아버지는 선물 자루를 메고 굴뚝을 타고 들어오거나 담장을 넘어와서 착한 아이의 양말 속에 선물을 몰래 넣어 놓는다고 하였다.

전교생이 소규모인 학교에 근무하는 친구가 이야기를 들려주었다. 해마다 크리스마스를 맞이하여 '아이들에게 해학적인 모습의 산타클로스 할아버지가 되어 나타나 아이들이 상상하는 꿈을 계속 이어가게 하면 어떨까?' 하는 생각을 하게 되었단다. 그래서 올해는 겨울방학을 일찍 하는 관계로 20일에 산타클로스 할아버지가 되어 유치원 어린이들과 초등학교 아이들에게 초코파이를 한 개씩 선물을 하였단다.

아침 일찍 병설유치원에서 산타클로스 할아버지의 옷을 가져와 교장실 문을 잠근 후, 빨간 산타 옷으로 갈아입고 선글라스를 낀 다음 하얀 콧수염과 긴 너덜수염을 붙였더니 정말 멋진 모습이었단다. 또 빨간 모자를 쓰고 장갑을 낀 후 버선 모양의 신발을 신으니 제법 산타클로스 할아버지 티가 나더란다.

그래서 첫째 시간, 종소리와 함께 초코파이 자루를 메고 1학년 1반 교실부터 무조건 뒷문으로 불쑥 "메리 크리스마스!" 하고 들어갔단다.

갑자기 산타클로스 할아버지가 들이닥치자 아이들이 "야아! 산타 할아버지다." 하고 놀라고, "선물 가지고 왔다!" 하면서 소리치기 시작하더란다.

그 친구는 큰 소리로 "메리 크리스마스! 착하고 예쁜 우리 아이들!" 하고 초코파이를 한 개씩 나누어 주면서 아이들의 손을 일일이 꼭 잡아 주었단다. 저학년 아이들은 무척 고마워하며 "나는 알겠다. 음성을 들으니 교장 선생님이다." 하고는 어렴풋이 알아보는 눈치더란다.

그런데 고학년들은 "진짜 산타 할아버지세요. 어디서 왔어요?" 하는 학생도 있었지만 모두가 환호하며 기뻐하였단다. 어떤 교실에서는 영어수업을 하다가 크리스마스 캐럴을 부르며 손을 흔들고 야단법석을 떨기도 하였단다. 그 친구도 화답의 제스처를 하면서 몸을 가볍게 흔들며 응답을 해 주었단다.

어린 아이들은 정말 신기한지 "산타 할아버지 내년에 또 오세요." 하기에 "그래그래 내년에도 너희들이 원하면 산타클로스 할아버지는 꼭 오마." 하고 기쁨에 겨워 크게 응답하였단다.

물론 선물은 초코파이 한 개였지만 아이들이 무척 즐거워하는 모습에 가슴 뭉클함을 느꼈단다. 그리고는 마음속으로 '너희들이 기뻐하고 즐거워하면 내년에도 또 후년에도 내가 산타클로스 할아버지가 되어줄게.' 하고 다짐을 하였단다.

크리스마스의 인사는 '메리 크리스마스'이다, 즉 '기쁜 성탄'이다. 성탄은 기독교의 성탄절을 뜻하며 예수의 성탄을 축하하는 명절이다. 강원룡 목사는 크리스마스를, 다른 특색 있는 설, 추석, 단오와는 다른 명절, 즉 사람을 생각하는 명절이라 했다. 특히 말구유 위 강보에 싸여 있는 아기 예수를 생각하는 날이라 했다. 진정 사람을 생각하는 날이라 했다. 하나님이 사상과 따로 떨어져 지내지 않고 함께 살기 위해 인간이 되어 오신 날이라는데 크리스마스의 기원이 있다고 하였다.

우리는 성탄절이 왜 기쁘며 어떻게 기뻐해야하느냐에 대한 생각을 해야 한다. '세상의 빛으로' 성인이 이 세상에 온 뜻을 알아야 한다.

우리는 성탄절 전날 밤 아이들의 양말에 선물을 넣고 간다는 산타클로스 할아버지가 굳이 되지 않더라도, 남을 배려하는 마음으로 서로 도와가며 기쁨을 함께 나눈다면 진정으로 '사람이 사람을 사람으로 생각'하는 명절이 되지 않을까.

사방 한 치의 좁은 땅

　오래 전에 내가 모신 교장 선생님 한 분은 교직원들의 길흉사를 잘 챙겼는데, 그 때마다 편지 봉투의 접어서 풀칠하는 안쪽 부분에 붓으로 '촌지(寸志)' 또는 '작은 뜻'이라는 글씨를 써서 주었다. 수능시험 치르는 학생들이 있는 교직원들에겐 엿이나 찹쌀떡을 사서 주었는데, 작은 종이에 붓으로 '촌지(寸志)'라는 글씨를 쓴 것을 반드시 붙여서 전해 주었다.

　지금 생각해 보니 젊은 교사들에게는 '작은 뜻'을, 경륜이나 식견이 있는 교사들에게는 '촌지(寸志)'라고 쓴 듯하다. 촌지의 뜻이 많이 변색해서 부정적인 면이 많은 나쁜 인상 때문에 그렇게 쓰지 않았을까 하는 생각이 든다.

친목회 일로 심부름을 도맡아 하던 나는 자주 "박 선생 방 촌지지(方寸之地)가 촌지야. 사방 한 치의 좁은 땅 말이야." 하는 소리를 듣곤 했다.

촌(寸)은 치와 같다. 한 치는 한 자의 십분의 일이 되는 길이의 단위이다. 우리가 흔히 하는 말로 한 자는 30.3cm이다. 그러면 한 치는 3.03cm임을 알 수 있다. 의학적으로 심장의 크기는 보통 자기 주먹만 하다고 한다. 끊어지지도 않고 변하지도 않는 허공 같은 참된 마음이, 사방 한 치의 심장에 깃들어 있다는 뜻에서 '사람의 마음'을 의미하게 된 것은 아닐는지.

'방촌지지(方寸之地)'의 이야기는 삼국지에 나온다. 유비가 신야의 조그마한 성에 의탁하여 살고 있는데, 그 때 번성에 있던 조조의 아우인 조인이 신야를 공격하게 된다. 유비는 군사 서서(서원직)의 계략으로 도리어 싸움에 이겨 조인이 갖고 있던 번성을 차지하게 된다. 책사인 서서 때문에 싸움에 진 조조는 그의 어머니를 인질로 잡고 가짜 편지를 보낸다.

효성이 지극한 서서는 유비와 작별을 하지 않을 수 없게 된다. 서로 술잔을 나누는 자리에서, 서서는 "비록 금옥같이 값지고 향기로운 술[金波玉液]일지라도 늙으신 어머니가 갇혀 있음을 생각하니 목구멍으로 넘어갈 것 같지 않습니다." 한다. 받아서 유비는 "비록 용의 간이나 봉의 골〔龍肝鳳髓〕같은 귀한 안주라도 또한 입에 달지 아니할 것입니다." 한다.

서서는 유비에게 하직 인사를 하면서 "본시 욕심은 장군과 더불어 왕패지업을 도모하는 것이 저의 방촌지지(마음)였습니다.〔本欲與將軍共圖 王覇之業, 以此方寸之地也〕" 한다.

서서의 방촌지지는 '사방 한 치의 좁은 땅'을 뜻하지만, '사람의 마음'을 나타내는 말로 사용되었다. 그래서 마음속으로 품은 작은 뜻의 촌심(寸心)이나, 작은 성의를 뜻하는 촌지(寸志)라는 말은 여기에서 비롯되었다고 한다. 방촌지지는 '방촌(方寸)'이라고 줄여서 쓰기도 한다.

말의 어원을 알고 사용하던 그 교장 선생님의 생각이 5월 '스승의 날'을 앞두고 자꾸 떠오른다. 속으로부터 우러나온 자그마한 마음을 나타낸 것뿐인 적은 선물이 촌지인데, 얼마 전까지만 해도 교사들에게 촌지 근절 내용이 공문으로 나왔었다. 교사로서 무척 당황스러워 자존심이 상하고, 부끄럽고 창피한 일이 아닐 수 없었다.

70년대 초에도 5월 15일 '스승의 날'이 있었다. 그 날은 동네잔치로 떡을 해 오고, 감주와 가양주를 담아 와서 선생님들을 극진히 대접하였다. 학생마다 가정 형편에 맞게 집에서 계란을 한두 개 삶아 와도 좋고, 고구마나 감자를 쪄 와도 좋고,

그냥 종이에 정성스레 편지만 적어와도 좋았고, 그저 해맑게 웃는 작은 마음만 있어도 좋았다. 주는 사람도 받는 사람도 얼굴과 마음에 충일함이 있었다. 학부모, 학생, 동네 주민, 교사들이 부담 없이 받는 즐거움과 주는 기쁨이 함께하는 날이었던 것 같다. 지금 생각해도 진정한 의미의 촌지가 아니었나 하는 생각이 든다.

그리고 가장 기억에 남는 편지의 내용이 '스승의 날 축하해요. 선생님 우리를 가르치니 정말 힘드시죠. 선생님 말씀 잘 듣겠습니다.'의 초등학교 2학년 아이의 순진한 생각이 마음을 따스하게 했었다.

이제 5월 스승의 날이 되면, 교사는 더욱 책무에 충실하여 가르침에 최선을 다 하겠다는 마음다짐을 하여야 할 것이다. 그리고 배우는 학생들은 스승에게 감사한 마음을 표현하는 기회가 되었으면 한다. 스승에게 존경의 미소도 좋고, 감사의 짤막한 말 한마디도 괜찮고, 글로 적은 조각 편지라도 전할 때 진정한 방촌의 의미를 되새기는 계기가 될 수 있으리라.

2부

올이 바르게 되어야
좋은 옷감이 된다

비단 대단 곱다 해도
말갈이 고운 것 없다

한식 즈음에 고향 산소에 갔다가 연세 많으신 삼촌 댁에 들렀다. 아흔 살이 되신 삼촌과 숙모님이 '학교생활이 학생들의 폭력과 자살 때문에 힘들다.'는 것을 방송과 지상을 통해서 많이 보고 듣는단다.

그러면서 "옛날 길쌈할 때 보면, 올이 바르게 돼야 베틀에서 날실의 틈을 왔다 갔다 하면서 씨실을 푸는 북이 매끄럽게 돼. 그래야 베틀에서 좋은 옷감이 돼. 사람도 올바르게 키워야 해" 하고 숙모님이 옛날이야기를 하신다.

50여 년 전만 해도 우리 농촌에서는 집집마다 삼(대마)을 심고, 큰 가마솥에 삼대를 삶아서 껍질을 벗겨 실을 만들고 베틀에서 삼베를 짰다. 그리고 목화도 심어 씨아에 솜을 벗겨 명을 잣아 실꾸리를 만들어 무명을 짰다. 또 누에를 길러 누에고치를 끓는 물에 넣어서 명주실꾸리를 만들어서 물레를 자아서 비단을 만들었다. 길쌈을 한 것이다.

아낙네들은 길쌈을 하면서 하는 말이 "올이 바르게 되어야 한다."고 말하곤 하였다. 그래야 베틀에서 좋은 옷감이 나오기 때문이다.

베를 짜기 위해서는 날줄과 씨줄이 있어야 한다. 날실은 피륙을 짤 때 세로 방향으로 놓인 실을 말하고, 가로 방향으로 놓인 실은 씨실이다.

그런데 베틀에서 가로로 짜지는 부분은 북에 의해서 들락날락한다. 쉽게 말해서 세로줄이 반듯하게 있어야 가로줄이 반듯하게 된다.

천을 짠 씨실이나 날실의 오라기는 올발이다. 올발이 너무 굵어도 되지 않고 또 가늘어도 질김과 부피에 영향을 준다. 알맞게 하는 일은 옛날에도 최대의 관심사였던 듯하다. 날실빠짐홈은 피륙을 짤 때, 날실이 끊어지거나 없어져서 피륙의 길이 방향으로 빈 줄이 나타나는 일을 말한다.

씨실코나 씨실코홈은 천 겉면에 코가 생긴 홈집을 말한다. 꼬임을 너무 많이 준 씨실을 쓰거나 씨실 틀의 장력이 차이가 날 때에 생긴다.

우리나라에서 길쌈의 역사는 길다. 신라 기와에는 삼베자 국들이 많이 남아 있다. 기와를 구울 때 서로 달라붙지 않도 록 안쪽에 삼베를 깔고 굽기 때문이다. 당시 삼베를 대량으로 생산했음을 알 수 있다. 고구려 유적의 대안리고분 벽화에도 베를 짜는 여성이 있다.

『신라본기』 한가위 유래도 길쌈에 대해 나온다. 왕이 길쌈 을 시켰다는 것은 단순한 놀이 차원이 아니다. 당시 세금을 견포나 마포같은 직물로 냈기 때문에 화폐가치로 쓰였음을 알 수 있다. 일본 정창원에는 신라산 모전(毛氈)이 있다고 한 다. 모전은 양탄자를 말한다. 재질조사 결과 캐시미어계의 양 털로 만들어진 것으로 밝혀졌다. 중국의 『두양잡편』은 신라 의 모직물 제조 기술이 출중해서 아름답기가 일세의 최고였 다고 전한다.

『산천유집(山泉遺集)』에도 우륵이 작곡한 12곡의 가야금 부에 김천의 부상지방 명주실로 가야금을 만들었다는 기록 이 전한다. 벌써 가야 시대에 양잠이 성행하였음을 알 수 있 고, 목화씨로 옷을 만들어 입은 것도 삼국 시대 이전의 유물 에서 발견된 예도 있는 듯하다.

'올바르다' 의 어원은 어쩌면 삼국 시대 이전부터 길쌈에서 사용되었다. 그것이 교육으로 이어지면서 글씨를 쓸 때 '올바르게 쓰도록 해' 하고 말한다.

수업시간에 어떤 교사는 "심정필정(心正筆正)이야! 마음이 바르면 줄을 바르게 긋느니라."하면서 바른 마음을 강조한다.

개인의 필적이나 필체는 개성을 가지고 있다. 교육이나 연습에 따라서 특별한 차이가 난다. 그리고 환경적 요인에 따라서도 필체는 다르게 나타난다. 모두가 대뇌가 지배하는 생리작용 때문이란다. 그렇다면 필적이나 필체는 사실상 뇌의 흔적이라고 해도 무방하다. 쉽게 말해서 교육의 흔적이다. 필체를 통해 성격, 기질, 건강, 도덕성, 사회성을 알 수 있다고 한다.

'올곧다.' 는, 마음이나 정신상태가 바르고 곧은 것, 줄이 반듯한 것, 완전하거나 제대로 되어 있는 것이다.

'올바르다.' 는, 말이나 생각, 행동 따위가 이치나 규범 따위에서 벗어남이 없이 옳고 바른 것, 흔히 말하는 '똑바른 것'을 말한다.

'비단 대단 곱다 해도 말같이 고운 것 없다' 는 속담도 있다. 말을 곱게 하는 것도 올바른 행동 실천의 첩경이리라.

한글을 사랑하는 길

여우비가 내리는 10월 5일, 의령에 있는 한우산(寒雨山)을 올랐다. 구름 속에 봉우리가 잠겨 있어서 무작정 '찰비골짜기'로 차를 타고 올라갔다.

산을 오르는 도중에 '아름다운 시절'의 촬영지 안내 표지를 만났다. 한국전쟁 당시 어려운 시절을 살아가는 사람들의 이야기를 열두 살 소년의 시선을 통해 진솔하게 그린 이 영화의 옛 모습 최적지가 이곳이었단다. 그래서 주인공이 늘 희망의 불씨를 간직하고, 달구지를 타고 내려오는 마지막 장면을 촬영했던 곳이 한우산의 찰비골짜기이다. 죽기 전에 꼭 봐야 할 한국영화에 선정 된 이 영화는 1998년에 개봉된 영화이다.

한우산 전망대 주차장에 차를 세우고 정상에 오르니, 캄캄한 안갯속인지 구름 속인지 모를 오리무중의 산길에 한우산의 지명에 대한 해설 간판이 어렴풋이 나타났다.

한우(寒雨)는 '차거운 비'를 말한다. 한우산은 순 우리말로 하자면 '찰비뫼'이다. 그래서인지 한우산의 계곡 이름은 '찰비골짜기'이다. 높이 836m의 산이지만 골이 깊고 수목이 울창하여 시원하기가 마치 겨울의 찬비 같다하여 붙여진 이름이라 한다.

지명에 아름다운 순수 한글 이름은 많다. 옛날에 절이 있었던 골짜기는 '절골'이고, 서 있는 바위가 있었던 곳은 '선바우'이다. 서울을 오고 가던 길은 '서울나들이'이고, 동네가 크면 '큰 마', 작으면 '작은 마', 토끼들이 다니던 길은 '토끼비리' 등 많다. 그렇던 것이 선바우는 입암(立巖), 서울나들이는 경진(京津), 큰 마는 대동(大洞) 등의 한자어로 많이 바뀌었다. 특히 일제 강점기에는 더욱 심했다고 한다.

유홍준 교수의 『나의 문화유산답사기』에도 유방리, 왕창리는 피해 갔지만 단양의 대강초등학교, 고창의 난산초등학교, 합천의 적중초등학교, 서울의 방학초등학교, 정선 갈래초등학교, 남해 물건초등학교, 광주 농성초등학교 등을 예로 들었다.

그렇지만 고즈넉한 산간에 어울리는 이름도 있다고 하였다. 지리산 대원사에서 30여 분 오르면 유평리 마을에 유평초등학교가 있는데, 이 학교는 '가랑잎초등학교'로 불렸다고 한다. 취재차 왔던 기자가 붙여준 이름인데 세상에 알려지기는 후자가 더 많이 사용되었다고 한다.

그리고 밀양 표충사 뒤, 사자평 억새밭 가는 길에는 '고사리초등학교'도 있었다. 두 학교 모두 지금은 폐교가 되어 문패만 남아 있거나 흔적만 남은 학교가 되었다.

2013년에는 한글날이 공휴일로 재지정 되었다. 한글날이 567주년이 되는 해이다. 모두가 기억하기 좋은 오름차순의 나열이어서 더욱 감회가 깊다. 아마 이러한 숫자가 역학적으로 좋다거나 희귀의 배열이라고 언론이나 유명인이 말했다면 대단한 화제가 될 법한 한글날이다.

한글날의 적확한 표현은 '훈민정음 반포 567주년'이다. 훈민정음의 의미는 두 가지이다. 하나는 글자로서의 뜻이고, 다른 하나는 책이름이다.

아마 글자로서의 한글의 많은 장점 중 최고로 꼽히는 것은, 사용하기에 쉽다는 것이다. 정인지도 훈민정음 해례본에서 '지혜로운 사람이면 훈민정음을 아침나절이 되기 전에 이해한다. 어리석은 사람도 열흘 안에는 배울 수 있다.'고 했다.

해례본이 발견 된 이후에는 초성은 발음기관을 상형하였다는 것을 알게 되었고, 중성은 역학의 삼재(三才) 원리인 천지인을 상형화해서 만들었다는 정설을 모두가 믿게 되었다.

한글은 무려 만여 개가 넘는 발음을 가지고 있다고 한다. 다른 나라는 많아야 겨우 400여 개 정도인데, 그 만큼 한글은 쉽고 과학적이라는 이야기이다.

한글의 변천에 따른 다른 이름도 많다. 훈민정음, 정음, 암클, 언문, 반절, 절글, 뒷글로 불렸다. 갑오경장 이후 국어, 국문으로 부르다가 일제의 강제에 의해 사용이 금지되었다.

그러던 것이 일제 강점기에 '가갸날'이 제정되고, 2년 후에 주시경 선생이 처음 '한글'이라는 이름을 사용하게 되었다고 한다. 그 전에도 '한나라 말, 한나라 글. 한 말, 배달말 글'이란 용어로도 빈번히 사용되었다고 한다.

눈매 한갑수는 KBS 라디오 '바른말 고운말'에 출연하여 한글의 바른 사용법을 알렸는데, 특히 '한글'을 읽을 때의 발음이 '한'을 힘을 주어 짧게 발음하도록 하였다.

한글을 사랑하는 길은, 좋은 말은 적극 사용하고 외래어를 무조건 받아들이는 것은 신중함이 좋으리라.

가을 편지

하늘 높고 바람 맑은 가을 날, 많은 분들이 산행을 한다. 지리산과 가야산을 가는 88고속도로는 공휴일이면 연일 정체나 지체를 할 정도이다.

그 힘든 여정을 거쳐 산에 도착하면 여러 종류의 나무들이 자태를 뽐내며 서 있는 모습을 보게 된다. 문득 이양하의 수필 '나무'가 떠오른다. 소나무는 진달래를 내려다보되 깔보는 일이 없고 진달래는 소나무를 우러러보되 부러워하는 일이 없다고 하였다. 특히 '나무는 훌륭한 견인주의자(堅忍主義者)요. 고독의 철인이요. 안분지족(安分知足)의 현인이다.'라고 하였다.

한순간의 충동으로 일어나는 욕심이나 욕망 따위를 의지의
힘으로 굳게 참고 견디어 억제하려는 도덕적이거나 종교적
인 태도를 가진 사람들을 우리는 흔히 견인주의자라고 한다.

　또 어질고 사리에 밝은 사람을 철인(哲人)이라 한다.

　그리고 편안한 마음으로 제 분수를 지키며 만족할 줄을 알
고 다른 데 마음을 두지 않는 것을 안분지족이라 한다.

　생각해 볼수록 나무는 필요·충분조건을 다 갖추고 있을 뿐
만 아니라, 뿌리는 땅 속 깊숙이 들어가서 전체를 지탱하고,
가지는 항상 하늘을 우러러 감사하고 찬송하며 자란다고 봄
이 틀림없을 듯하다.

　강창교 아래 금호강이 흐르는 궁산의 이락서당(伊洛書堂)
옆은 깎아지른 낭떠러지이다. 이 절벽을 사람들은 적벽(赤
壁)이라 부르는데 요즘 한창 단풍이 들어 아름답다. 아침이
면 물안개가 피어올라 장관을 이룬다. 순간 "끼르룩!"하며
물오리가 날아오르는가 하면, 물속에선 한 자가 넘는 큰 물고
기가 불쑥 솟아올라 아침을 기상(起床)시키는 모습은 정말
황홀경이다.

　원래 적벽은 오나라의 주유와 촉나라의 제갈량이 연합하
여, 동남풍의 방향을 이용하여 화공작전으로 조조의 백만 대
군을 물리친 곳이다. 이곳에서 당송팔대가의 한 사람인 소동

파는 벗과 대화를 나누면서 이야기를 읊는다.

그 「적벽부(赤壁賦)」는 소동파가 47세 되던 해에 벗과 적벽에서 뱃놀이를 하면서 산 속의 명월과 강 위의 청풍을 읊은 내용이다. 원래 '부(賦)'는 비슷한 어조나 어세를 가진 것으로 짝 지은 둘 이상의 글귀를 말한다. 한문체의 하나로 글귀 끝에 혜(兮), 이(而)등의 조사를 많이 붙이는 운문인데, 느낌을 그대로 읊은 글을 의미한다.

소동파가 벗에게 퉁소의 가락이 왜 슬프냐고 묻는다. 그 때 벗은 조조와 같은 영웅호걸도 지금은 간 곳이 없으니, 우리 같은 하찮은 인생은 오죽 유한하겠는가라고 대답을 한다. 그래서 허무한 마음이 들어서 퉁소 가락에 그 슬픔을 실었노라 하였다.

소동파는 변한다는 관점에서는 모든 것이 유한한 것이다. 그렇지만 변하지 않는다는 관점에서는 사물이든 우리 인간이든 모두 다함이 없는 것이라고 말한다. 또 자연은 주인도 없이 아무리 즐겨도 다함이 없으니 걱정 말고 함께 즐기자고 말한다.

사방, 팔방, 시방을 다 가려도 아침이 오고 밤이 오고 새벽이 온다. 그리고 계절은 우리를 기다려 주지 않는다. 모든 일은 다만 사람들의 마음에 있는 것이리라.

배려와 나눔의 첫 걸음

　내가 네댓 살 때, 우리집 사랑방에 동네 학동들이 모여서 한자 공부를 마치면 할아버지께서는 헌 신문지에 한자 글씨체 본을 써 주셨다. 나는 나이가 너무 어려서 붓을 가지고 글자를 그대로 보고 아무렇게나 그려 나갔다. 할아버지께서는 그것을 보시고 글씨가 "과두(蝌蚪) 닮았다."고 하시곤 하셨다.

　"에험, 글씨가 올챙이를 닮았구나!" 하실 땐 나는 할아버지가 한자로 '과두(蝌蚪)'라 하시는 것이 '올챙이'를 말하는 것임을 알았다.

　못 살던 시절, 구충약 먹을 형편이 못되어서 회충이 배 안에 가득하여 횟배앓이 하는 아이들이 그때는 그렇게 많았다. 횟배를 앓으면 아랫배가 톡 튀어 나와 다른 말로는 '올챙이 배' 라고도 하였다.

그때는 뚱뚱하게 볼록한 배를 가진 아이들을 조롱으로 우리들은 '올챙이 배' 라고 놀렸다. 그 당시 어느 누구에게나 제일 자존심 상하고 듣기 싫은 말은 '올챙이 배' 라고 하는 말이었던 것 같다.

몇 년 전 강원도 정선에 갔을 때 '올챙이국수' 라는 것이 있었다. 직접 면을 뽑는 기계를 보노라니, 알알이 면이 올챙이처럼 펄펄 끓는 물 속으로 떨어지는 모습이 진짜 올챙이가 이리 저리 다니는 모양을 닮았었다.

관광객들은 모두 신기하여 '올챙이국수' 를 한 그릇씩 사서 먹는데 처음 먹는 모습이 젓가락으로 먹기엔 만만치가 않았다.

'네댓 살 때 내가 사랑방에서 한자 글씨체본의 글을 쓰던 모습이 바로 저 올챙이 모양이었구나.' 하는 생각이 새삼스럽게 들었다.

공자의 옛 집을 헐자 벽 속에서 발견된 상서를 고문상서(古文尙書)라 하는데 글자가 모두 과두체(蝌蚪體)로 되어 있었다고 한다. 아마 과두체는 올챙이 모양의 글씨체이지만, 실제로는 소중한 경전이라는 뜻의 상서에 쓰인 것으로 봐서는 경박한 글씨는 아니고 글자의 변천과정이나 어떤 종류의 고귀한 글씨체인 듯하다.

삼월 첫째 주 직원협의회가 있는 날이었다. 나는 선생님들께 "교장, 교감과 개구리의 닮은 점이 무엇이겠습니까?" 하고 질문을 던졌더니 선생님들께서는 의아한 표정으로 나를 쳐다보는 것이었다.

나는 "개구리와 교장, 교감의 닮은 점은 '과두지사(蝌蚪之事)' 입니다." 하였다. 즉 '올챙이 적 일을 모른다.' 는 것이라고 설명하였다.

교사 시절에 교장, 교감 선생님이 일을 너무 시키면 '개구리 올챙이 시절도 모르나?' 하고 속으로 투덜거렸던 나의 지난 일도 있었다고 말했다.

새로운 한 해의 시작에 학생들의 기대는 부풀어 있고, 학부모들의 지대한 관심은 학교가 아니라 담임 선생님이다. 선생님은 이래저래 부담을 안고 학교생활을 적응하려고 하는데 교장 교감의 지시는 시교육청의 방향, 지역지원청의 방향, 학교의 교육계획, 행사 계획이라며 끊임없이 이어진다.

많은 고생을 하시는 선생님들이 언젠가는 최고로 존경받는 시대가 올 것이며 항상 열심히 노력하면 좋은 일 있지 않을까 생각해 보았다.

문득 나는 선생님들에게 올챙이 볼펜 꽂이를 선물하고 싶어서 선생님들이 자주 들르는 시내 큰 문구점에 갔다. 선생님들이 교장, 교감에게 잔소리를 듣거나 질책을 받았을 때 볼펜을 화풀이로 마구 꽂을 수 있는 올챙이 볼펜 꽂이를 찾았다. 그러나 내가 찾는 화풀이 볼펜 꽂이와 비슷한 물건이 없어서 그냥 돌아오고 말았다.

누군가가 고안했다는 'OO똥침 볼펜 꽂이'는 없을까 찾아봤지만 그것도 보이지 않았다. 사람의 엉덩이가 위로 치켜 올려진 'OO똥침 볼펜 꽂이'는 부하 직원들이 상사로부터 힐난을 들었을 때 화풀이로 마구 찔러 꽂을 수 있도록 만들었다고 한다. 그렇게라도 화를 풀고 나면 스트레스가 훨씬 덜 쌓일 것이라는 생각이 들기도 한다.

교육과정에 '개구리의 한살이' 단원이 없어졌다. 선생님들은 개구리의 성장엔 올챙이 적이 있었음을 안다. 선생님들도 교장 교감과 같이 학생 시절이 있었음을 인지하면서 학생들을 지도하면 좀 더 마음이 가벼워지지 않을까?

개정교육과정에서도 추구하는 인간상의 항목에서 배려와 나눔의 정신을 강조하고 있다. 다른 사람을 도와주거나 보살펴 주려고 애를 쓰는 것이 '배려'이고 하나를 둘 이상 여러 개로 가르는 것을 '나눔'이라고 생각한다.

'개구리 올챙이 적 일을 아는 것' 이 배려와 나눔의 첫 걸음
이 아닐까?

고구마와 인삼

어린 시절 가난도 가난이지만, 왜 그렇게 죽이 먹기 싫고, 국수 먹기가 죽기보다 싫었던지 죽집 앞을 지나가거나 국수를 먹으러 가면 자꾸 그 생각이 떠오른다.

죽 안 먹는다고 고집을 부리거나, 국수는 절대 죽어도 먹지 않는다고 떼를 썼다가 야단을 맞기도 하고, 더러는 집에서 쫓겨나기도 했다.

가끔은 아버지가 나오셔서 손을 붙잡고 조용히 데리고 들어가서 타이르시곤 국수를 먹이려고 온갖 노력을 하셨다. 옛 고사에서부터 이웃집 아저씨의 이야기를 하시면서 "아! 맛있다. 참말 맛있다!" 하시고는 입맛을 돋우셨다.

국수에 보리밥을 말아서 먹으면 팔정미(八呈味)가 들어 있어서 천하제일의 음식 맛이 된다는 등, 죽을 매일 먹으면 사람 몸의 오장 육부가 깨끗해져서 신선같이 된다는 등, 끼니 투정도 자꾸 부리면 나쁜 버릇이 된다는 등, 여러 가지 이야기를 들려주곤 하셨다.

도대체 팔정미란? 그 당시 그저 여덟 가지의 맛이란 국수의 네 가지 맛과 보리밥의 네 가지 맛이 아닐까 하는 생각을 하였다.

그러나 아버지는 음식은 기본적으로 짜고, 쓰고, 시고, 단맛의 네 가지 맛이 있다고 하였다. 여기에 감칠맛, 떫은 맛, 매운 맛, 담백한 맛을 더하면 정미성분(呈味成分)이 된다고 계속 강조하였다. 아마 자식에게 먹기 싫어하는 음식을 먹이기 위한 방편으로 국수와 보리밥의 혼합 맛을 이야기한 듯하다.

학교에서 배우는 맛에는 다섯 가지가 나온다. 함(鹹), 고(苦), 산(酸), 신(辛), 감(甘)이다. 짜고, 쓰고, 시고, 맵고, 단맛의 오미를 말한다.

어떤 영의정이 임금께 상소하기를 음식에 있어서 한 가지 맛만 쓴다면 반드시 몹시 맵고 아리다고 하였다. 그러면 자연히 입맛에 맞지 않는다고 하였다. 그래서 단 것에는 반드시 매운 것을 넣고, 쓴 것에는 신 것을 넣어서 적절히 조합하라고 하였다. 이렇게 하면 소금이나 양념을 전혀 하지 않은 제사에 쓰던 고깃국과 같은 대갱(大羹)이 된다고 한다. 이 대갱이 화합을 이루면서 서로 상극하면서도 성질이 서로 맞게 되고, 서로 간에는 간섭을 하여 해를 끼쳐 서로가 조화를 이루게 된다는 것이다.

국수와 보리밥의 혼합도 이와 같은 이치임을 여러 번 강조하셨다.

또 이웃집에 사는 또바우(又岩)라는 아제의 이야기를 자주하였다. 그 아제는 너무나 순진하고 착하여 동네 사람들이 모두 '순디'로 불렀다. 서른이 넘도록 장가도 가지 않더니, 결국 혼자서 평생을 살았다.

집성촌이라 이웃집에서 아지매가 저녁에 마실을 가면서 또바우 아제 집을 갔더니 저녁에 고구마를 삶았는데, 삶은 고구마는 이웃집에 나눠 주고 삶은 국물을 먹고 있더란다.

그래서 이웃집 아지매가 "왜 국물을 먹느냐? 삶은 고구마를 먹어야지." 하고 타이름을 주었단다.

그 다음에 또바우 아제는 인삼이 생겨서 인삼을 달였는데, 인삼 달인 물은 이웃집에 갖다 주고, 건더기는 건져서 자기가 먹었단다. 아버지는 이웃집 또바우 아제의 이야기를 내가 음식투정할 때마다 들려주시곤 했다.

요즘 그때의 생각을 해보니, 은유적인 문식력(文識力), 즉 배움이 없었음을 새삼 깨닫게 된다. 어찌 어른들이 아이들의 마음을 알까?

아이들에게 고구마를 삶게 하여서, 삶은 고구마를 먹게 할 것인가? 아니면 버려야 할 국물을 먹게 할 것인가?

또 인삼을 달인 약효 많은 물을 먹게 할 것인가? 그것도 아니면 국물이 우러 난 인삼의 건더기를 먹도록 지도할 것인가? 교육은 참으로 어렵다.

공자가 제자인 자로(子路)를 불러 앉히고 육언육폐(六言六蔽)에 대하여 토론을 한다. 이 때 공자가 말하는 육언은 인(仁), 지(知), 신(信), 직(直), 용(勇), 강(剛)에 대한 말이다.

즉 어진 것을 좋아하고 배움을 좋아하지 아니하면 그 폐단은 어리석음이요, 슬기로움을 좋아하고 배움을 좋아하지 아니하면 그 폐단은 무절제요, 믿음을 좋아하고 배움을 좋아하지 아니하면 그 폐단은 의(義)를 해치는 것이요, 곧음을 좋아하고 배움을 좋아하지 아니하면 그 폐단은 난폭해 질 것이요, 굳셈을 좋아하고 배움을 좋아하지 아니하면 그 폐단은 광(狂)이라 하였다.

공자도 학문적 진리를 과학적으로 인식하려는 예지를 가졌음을 엿볼 수 있다.

고향의 봄

동원(冬原) 이원수 선생 탄생 100주 년이 지났다. 동원 이원수는 1911년에 경상남도 양산읍에서 태어나서 1981년까지 살면서 작고할 때까지 동시만은 계속 지었다.

동원 이원수는 1926년 동요 '고향의 봄'을 어린 나이인 15세 때 지어, 방정환의 《어린이》지에 당선됨으로써 문단에 등단하게 된다.

이원수의 초기 작품 내용은, 일제 강점기의 민족적 감정을 대신했기 때문에 동시(童詩)의 공간은 사람의 구체적 행동세계를 소극적 저항의식으로 나타내고 있다.

중기 작품은, 동요가 품을 수 있는 시적 감정의 제약성을 대체시키면서 되도록 한국적인 서정을 동시에 심어 나간다. 그러면서 이원수는 우리들이 겪은 일, 우리들의 생활에서 얻은 이야기를 그대로 동시로 나타내어 실제적·사실적 현실공간을 있는 그대로 존재의 공간조건으로 만들어 나간다.

1950년 한국동란 후의 작품 소재나 제재는, 주로 자연에 존재하는 나무, 꽃, 달, 바람 등 원형상징의 유추적 이미지를 가지는 것들이다.

후기에 이원수는 왕성한 작품 활동을 한다. 그는 시의 형상성 언어의 상상적 공간을 강조하면서 동시를 어린이다운 마음바탕이라는 개방적 해석을 하게 된다. 그는 모든 어린이들에게 미래지향 의식을 심어 주려고 노력한다.

「고향의 봄」에서 '고향'의 이미지는 둘로 생각할 수 있다.

하나는 자기가 태어나 자란 곳이고, 다른 하나는 제 조상이 오래 누려 살던 곳이다. 우리의 의식적 마음이 진통을 겪을 때, 유년의 세계로 되돌아가서 그곳에서 이전과 같이 무의식의 상태로 자신의 모습을 재발견 할 수 있는 생명의 원천이며 삶의 터전으로 상처입지 않은 땅을 뜻한다.

이원수 동시에 나타난 고향의 종류는 다양하다. '나의 살던 고향, 나의 옛 고향, 내 고향 바다, 떠난 고향' 등인데 모두가 향수를 담고 있다. 앞선 존재를 발견하게 되는 존재의 시작은 어린 시절의 추억과 고향에 대한 아름다운 이미지를 갖게 한다. 아름다운 이미지를 갖는 고향은 그 곳으로 돌아가고자 하는 향수병이다. 그러나 미지의 먼 곳이나 옛날에 대한 그리움만 남는 이향 감정도 있다.

　　나의 살던 고향은 꽃피는 산골
　　복숭아꽃 살구꽃 아기 진달래
　　울긋불긋 꽃 대궐 차린 동네
　　그 속에서 놀던 때가 그립습니다.

　　꽃동네 새 동네 나의 옛 고향
　　파란 들 남쪽에서 바람이 불면
　　냇가의 수양버들 춤추는 동네
　　그 속에서 놀던 때가 그립습니다.

　'나의 살던 고향은 ……'에서 나는 성장한 후의 여러 모습이고 향수를 담고 있다. 이 동시의 전체적인 서술은 당시의 형식인 정형에서 벗어나 산문적이다. 화자의 현재는 어린 시절의 추억과 고향에 대한 아름다운 이미지를 가지게 하는 조용하고 한적한 리듬 상태이다.

　그러나 '그 속에서 놀던 때…'는 아름다운 이미지를 가지게 하는 향수병으로 생동하고 활발하게 움직인다. 현재의 과거회상은 미래 기대이고 과거의 유년, 추억, 고향은 걸어 온 거리로서 긴장감을 느끼게 한다.

이 시의 공간적인 요소인 산골·복숭아꽃·살구꽃·아기 진달래 등의 이미지 형성배경은 모두 고향이다. 또 집안, 산, 파란들, 냇가, 산골 등의 원근법 구사는 시각적 이미지의 효과를 극대화하여 고향의 이미지가 유아적 사고로 유동적인 향수병을 만든다. 이 시의 중심은 나의 살던 고향, 옛 고향으로 어린 시절의 추억과 고향에 대한 아름다운 이미지를 가지게 한다.

'그 속에서 놀던 때가 그립습니다.'는 소극적이고 과거로의 회귀를 설정하게 된다. 그래서 이 동시의 교육적 의미는, 문학적 예술성인 향수병과 교육의 가치인 소극적 저항의식을 가지는 양면성이 있다. 이 시의 형성배경은 고향이지만, 시대적 상황으로 봤을 때 소극적인 공간 이미지를 교육하는 것이 바람직하다고 본다.

우리말을 아름답게 쓰며, 아름다운 말이 한갓 겉치레를 위한 말이 아니고 적절히 드러나게 씌었느냐를 보여 주는 것은 국어 교육적인 면에서의 동시의 가치로 해석된다. 그리고 시의 말에 아름다움을 느낄 때, 그것을 즐기는 사람은 국어의 순화라든지 일상 회화의 정결한 사용에 차츰 익어 갈 뿐만 아니라 작가의 인생관에서 다듬어진 진솔한 마음의 감동을 받게 된다.

그러므로 이원수의 「고향의 봄」은 어린이가 읽어도 어른이 읽어도 교육성이나 교육적 가치이전에, 인지상정의 고향 그리움이 우선하기 때문에 많이 읽혀지는 것이리라.

근면은 값을 매길 수 없는 보배다

대학수학능력시험일이다. 아마 1994년부터 해마다 치러졌으니 올해도 어김없이 수험생과 가족들은 애간장을 태우리라. 나는 1969년 대학예비고사 1회 출신이다. 명칭이야 어떠하든 국가고사였다는 점은 대동소이하다.

그 당시에도 답답한 마음에 부적과 같은 마술을 부린다는 엿, 찹쌀떡 등이 유행했다. 근래엔 모형 도끼 엿, 찰싹 붙는 떡, 걱정인형, 소원 팔찌 등이 유행한다고 한다. 그것도 자투리 헝겊을 덧댄 나무 조각의 '걱정 마' 인형이 인기를 끈다고 하니 인심(人心)인지 상술인지 희한한 세상이다.

가을은 천고마비의 계절, 독서의 계절, 문화의 계절, 운동의 계절, 수확의 계절 등 많은 이름이 즐비하다. 특히 가을에 가는 여행은 어떠한가.

외씨버선길이 가을 단풍으로 유명하다고 하여, 11월 첫 주말에 영양 일월산을 찾았다. 외씨버선은 오이씨처럼 볼이 조금 좁은듯하면서, 보기 좋을 정도로 조금 가늘고 길쭉한 모양의 버선을 말한다. 박종화, 박완서의 소설에 '외씨 같은 버선발'의 용어가 자주 나온다.

영양의 외씨버선길은 오후의 따스한 햇볕을 받아, 차량이 다니는 국도변에 서 있는 단풍나무만 하여도 언저리 산을 불태우고도 남을 만큼 아름다운 광경이었다. 많은 사람들이 산에 불이 붙었다고 할 정도로 굉장한 단풍이었다.

큰골을 지나 반변천의 발원지에 오르는 길은 벌써 단풍이 마르고, 활엽수 낙엽이 떨어지면서 '추풍 낙엽비'를 내리고 있었다.

내친 김에 일월산을 올랐다. 차로 정상 가까이 가서 주차하고, 1219m의 일자산(日字山)에 오르니 일진광풍과 함께 안개구름이 순식간에 피어올라 그 잘 보인다는 넓은 동해바다와 울릉도를 바라 볼 수 없어 매우 아쉬웠다.

정상 부근에 일월산(日月山)이라 쓴 표지석이 세워져 있었다. 그 뒷면을 살펴보니, 이문열의 '崑崙(곤륜)의 정기를 받아…' 라는 일월산의 시가 있었다.

같이 갔던 사람이 처음 부분에 나오는 崑崙(곤륜) 한자는 상용되지도 않는 글자라 읽기도 쉽지 않지만 의미 또한 가늠키 어렵다고 하였다.

'곤륜'은 신비에 가득한 아주 높은 전설 속의 산이며, 하늘에 가장 가까운 곳에 있는 산이다. 그 산에는 아마 많은 여러 신들과 신선들이 평화롭게 사는 곳인 모양이다.

일월산은 일자산(日字山)과 월자산(月字山)의 봉우리 첫 글자를 합자하여 생겼다는 설, 이 산봉우리에서 봐야만 동해의 일출(日出)과 월출(月出)을 제일 먼저 볼 수 있다는 설, 또 이 산의 정상에 천지(天池)가 있어서 그 모양이 해와 달 같다는 설 등의 이야기가 있다.

아무튼 일월산은 곤륜의 정기를 받은 산이다. 곤륜도(崑崙圖)는 경복궁의 근정전 어좌 뒤에 왕의 권위를 상징하기 위하여 그린 '일월오악도'와 같은 의미라고 한다. 왕이 어좌에 앉은 방향의 왼편에 붉은 해가 있고, 오른편에 하얀 달이 그려져 있으며, 그리고 다섯 봉우리의 산이 있다.

경복궁 근정전(勤政殿)은 원래 정도전이 부지런함의 의미를 강조하기 위하여 근(勤)을 서경(書經)에서 가져왔다고 한다. 청정(聽政), 방문(訪問), 수령(修令), 안신(安身)이 그것이다.

아침엔 정치에 대한 이야기를 듣고, 낮에는 사람들을 대면하거나 장소를 찾아가 만나보고, 저녁에는 일과를 평가하고 반성하며, 밤에는 편안히 쉬는 것을 말한다. 이렇게 하는 것이 임금님의 부지런함이라 하였다. 안신(安身)은 몸을 편하게 하는 것이다. 쉴 때 편히 쉬는 것도 부지런함이라는 뜻이다. 가장 평범하고 보편타당한 말이 진리 아닐까?

대학수학능력 시험을 보는 모든 수험생은 곤륜의 언덕을 오르는 것만으로도 선인이 될 수 있다고 본다. 물론 곤륜의 언덕보다 배나 높은 곳에는 더 희망적이고 낭만적인 양풍지산(諒風之山)이 있다고 한다. 이 산에 오르기만 하면 결코 죽지 않는 산이며, 이 계곡에 흐르는 물을 마시기만 하여도 절대 죽지 않는다고 한다.

이제 편안히 쉬는 것이 필요한 수험생들이다. 강태공도 '부지런함은 값을 매길 수 없는 보배이고, 삼가고 조심하는 것은 이 몸을 보호하는 부적과 같다.'고 하였다.

짧은 천조각과 나뭇가지로 만든 '걱정 인형'이 모든 시름을 대신 품고, 고생한 수험생들을 안신(安身)케 하리라.

눈짓이 주는 묘약妙藥

그 친구를 만나면 눈빛이 부드럽고, 어떤 모양의 눈짓이나 눈 모습이라도 타인에겐 평안한 마음을 들게 한다. 나이가 들면서 주변의 사람들은 그 친구를 인자하다고 한다. 얼굴 표정이 웃는 듯하고 눈을 보고 있노라면 무언가 모를 푸근함을 주는 마력이 있다고 한다.

그 부부에겐 특별한 눈짓이 있다. 항상 부인이 먼저 네 번의 눈짓을 한단다. 흔히 우리가 말하는 윙크를 하는 셈이다. 그 네 번의 눈짓은 '사랑해요'라고 한다.

아침에 자고 일어나서 눈이 처음 마주치면 눈웃음을 치면서 지긋이 눈을 감았다 뜨기를 반복 네 번 한다고 한다. 그러면 그 친구는 응답으로 두 번의 눈짓을 보낸다고 한다.

그 친구에게 두 번의 눈짓이 무엇인지 내가 안다고 했더니 말해 보라고 한다. 나는 '나도(사랑해요)'가 맞지 않느냐 했더니 그 친구는 빙그레 웃기만 하면서 긍정도 부정도 하지 않는다. 답이 아닌 것 같아서 '좋아'가 아니겠느냐고 했더니 또 웃기만 한다.

그 친구는 모든 것은 자기의 입장에서 해석을 하고, 편한 방법으로 의미를 부여하라고 한다. 내가 남에게 부여하는 의미는, 그 의미 그대로 되돌아 온다는 것이다. 내가 '꽃'이라 했을 때 그는 나에게 '꽃'이 되어 되돌아오는 것과 같은 이치라고 한다.

결혼을 하고 말다툼이 있을 때마다, 부부는 토라져서 등을 맞대고 자는가 하면, 며칠 동안 마음은 방황하기도 했단다. 어색해지는 분위기에서 항상 져 주고 화해를 청한 것은 부인의 몫이었다고 한다.

그러다가 부인이 먼저 제안하기를 눈짓의 사랑표현을 하자고 했단다. 제일 처음엔 '사랑해'의 눈짓을 세 번하자고 했단다. 누구라도 먼저 생각나는 사람이 하자고 했단다.

그런데 남자들이란 철이 없지 않은가. 남자가 꼬박꼬박하기란 쉽지 않아서 부인이 매일 먼저 하게 되었고, 얼마 후 갑자기 부인이 남편을 존경한다는 뜻으로 '사랑해요' 네 번으로 바꾸었단다. 그 친구는 부인의 제안에 대해 '그래' 하면서 응답을 했단다.

동백꽃을 구경하기 위해 백련사를 찾아 갔던 날, 부인은 그 친구에게 손을 잡자고 하면서 손가락으로 '꾹꾹꾹꾹' 네 번의 신호를 손바닥에 보내더란다. 그리고 잠시 후 얼굴을 쳐다보면서 눈짓을 네 번 보내면서 웃더란다.

그 친구는 두 번 손가락으로 '꾹꾹' 하면서 두 번 눈짓을 보내 주었단다. 이제는 눈짓과 손바닥에 네 번의 신호로 보내오면 그 친구는 두 번의 응대 신호를 보내 준단다.

두 번의 눈짓이 궁금했던 나는 그 친구의 응답을 알아냈다. 그 친구의 신호는 '맹세' 라는 것이다. 말로만 약속하는 것이 아니고 신에게 약속하는 '맹세 맹(盟)'에 큰 의미를 부여 하고자 함이라 한다.

그 친구가 들려주는 개화기 때 안동지방의 이야기는 이러하다. 찢어지게 가난한 양반이 밥을 굶지 않기 위해 장사를 시작하였단다. 안동의 북부엔 아마 항아리(독)를 만드는 공장이 있었던 듯하다. 양반은 지게에 항아리를 지고 장사를 나섰는데 도저히 입 밖으로 "독 사시오." 하는 말이 나오지 않더란다. 양반 체면을 생각하니 차라리 굶어 죽는 것이 나을 것

같았는데, 마침 새우젓갈 장수가 지나가면서 "새우젓 사세요." 하더란다.

갑자기 궁리를 한 것이 새우젓갈 장수 뒤를 따라가면 장사가 될 것 같은 생각이 들더란다. 그래서 새우젓갈 장수 뒤를 따라가면서 "새우젓 사세요." 하면 곧 이어서 "독도! ….." 하였단다. 높임어미가 들어가는 '사세요.'는 하지 않아도 되었단다.

그 친구는 양반 체면을 살린 일화를 소개하면서 '사랑해요'라는 표현에 '나도'라는 것은 체면치레적인 요소가 가미된 것 같아서 '맹세'로 했다는 것이다. 고개가 끄덕여지는 말이다.

묘약의 묘(妙)는 여자가 오밀조밀하게 아름답다는 뜻이고 약(藥)은 의학적 외에 비유적으로 마음과 몸에 이롭거나 도움이 된다는 의미도 있다.

이제 며칠 후면 학교는 입학식이 있고, 개학이 된다. 만남의 첫날에 사제지간 눈짓의 약속을 한번 쯤 정해서 시도해 보는 것도 좋을 듯하다. '사랑해요'나 '사랑해'에 과연 어떤 응답들이 쏟아질까? 그것이 체면치레적인 말일지라도 스승의 입장에서는 노여워하거나 성내지 말 일이다. 의미 부여는 상대방의 몫이니까.

달맞이꽃과 다문화가정

아침 이슬로 내리는
눈빛 사랑을
질겅질겅 곱씹어
배앓아 놓은 동해 물결 위로
달덩이 뒹구른다.

흩어놓은 꽃잎사이
간밤 어둠이 속살 지우고
멍한 쑥대궁 위로 만남은 빗대기며
먼 산 숲에서
우엉우엉 새 울음소리

막힌 하늘이
부채빛살로 박히운다.

야트마한 흙덩이 아래
그리매 드리우고
제비 새끼 노오란 주둥이 같은
구슬구슬이 어름에 멀미하여
뒷짐 지면
억새 사이로 보이는
눈먼 사랑은 또 한 번
하늘 보며 연한 입김 토한다.

언제부터인가 바람은
탁 트인 옛 이야기 아래
또 한 번 기리어 어느 순간에나
하나의 빛깔로 나타나는 것을

가만히 서서 게으름은 그리움을 눈짓할 때
스멀스멀 바람은
맨살로 다가선 그대로
항상 달을 담고 닮아가는 것을

(달맞이꽃, 필자)

나는 초임지를 바닷가로 발령 받기를 그렇게 원했다. 수주 변영로의 '꿈 팔아 외롬 사서 바닷가 사졌더니 / 물결의 수많은 발 밀려온다.……' 는 시를 외우면서 더욱 더 외로워지기 위하여 바닷가에 살고 싶었다. 그 당시 유행가도 '해당화 피고 지는 섬마을에 / 철새 따라 찾아 온 총각 선생님……' 이었다.

꿈은 항상 이루어지기 위하여 존재한다고 한다. 초임지 학교 앞의 냇둑에는 7월이면 달맞이꽃이 지천으로 피고 있었다. 상쾌한 아침 공기를 마시며 냇가에 냉수마찰을 하기 위하여 가면, 노란 제비새끼의 주둥이 모양 달맞이꽃은 함초롬히 이슬을 먹고 아직 새벽하늘에 남아 있는 달빛을 받아 그렇게 아름다울 수가 없었다.

꽃대의 꽃받침을 만지작거리며 꽃잎을 세고, 속 부분의 암술과 수술을 세고, 꽃을 따서 냇물에 띄우고, 도란도란 이야기 하고픈 달맞이꽃의 달을 품에 안고 살아가는 모습을 정말로 닮아가고 싶었다.

요즘 다사읍의 금호강변에는 달맞이꽃이 저녁과 아침으로 노랗게 둑길을 물들이고 있다. 그 아름다운 모습은 시공을 초월하여 40년 전처럼 변함없이 달을 품고 닮아가고 있는 듯하다.

새벽에 피어오르는 물안개가 걷히고 나면, 강물에 거꾸로

처박혀 비친 궁산(弓山)의 싱그러운 수목들의 모습과 더욱 어우러져 풍경을 한껏 운치 있게 만들고 있다.

달맞이꽃의 꽃말은 소원과 기다림이다. 밤하늘의 별을 사랑하는 님프들이 살고 있었단다. 그 중 젊고 아름다운 요정 님프가 별을 무척 싫어하고 달을 그리워하였단다. 그 님프는 별을 사랑하는 제우스의 미움을 받아 귀양을 갔는데 달의 신 다이애나가 돌봐주지만 결국 죽고 언덕 위 무덤에서 꽃이 되어 달맞이꽃이 되었다고 한다.

그리스의 신화처럼 달맞이꽃은 물가의 언덕에 많이 서식한다. 그리고 꽃은 저녁에 피어 달을 바라보다가 새벽녘에 내린 이슬을 머금고 있어 한층 더 청초함이 돋보인다.

땅과 바다와 하늘이 창조되기 전에는 삼라만상의 만물이 다 한 가지의 모습으로 되어 있어서 이것을 태초에 카오스로 불렀다. 카오스는 원시적인 무질서나 혼돈을 의미하지만, 카오스이론에서는 무질서와 혼돈상태에서도 논리적 법칙이 질서정연하게 존재한다는 이론이다.

주역에서 말하는 천지창조의 과정은 하늘이 시초였다고 한다. 하나를 의미하는 '━'로 양(陽)을 표시하고, 땅은 하늘의 다음으로 둘째이므로 둘을 의미하는 '--'로 음(陰)을 표시하고 있다. 또 효(爻)를 양효(陽爻)와 음효(陰爻) 두 가지로 한 것은 하늘과 땅을 상징한 것이다. 효(爻) 세 개로 한 괘(卦)를 만든 것은 천·지·인의 세 가지 삼재(三才)를 의미한 것이라고 한다. 삼재는 주역의 음양설로 보면, 만물은 일정한 규칙과 관습이 있는데 그것의 위반에 대하여 제한하거나 금지한다는 뜻도 있다.

달맞이꽃은 남아메리카에서 귀화한 식물이라고 한다. 이 귀화식물을 우리는 지금 토종이나 재래종으로 알고 아름답고 예쁘게 바라보며 더러는 약재로 이용하고 있다.

현재 우리나라는 다문화가정이 많아지고 있다. 우리나라에서의 다문화가정은 우리와 다른 민족이나 다른 문화적 배경을 가진 사람들이 포함된 가정을 통틀어서 하는 말이다. 앞으로 우리는 논리적 법칙이 질서정연하게 전개되는 카오스 이론이나 일정한 규칙과 관습의 위반에 대하여 제한하는 주역의 삼재를 생각하며 다문화가정의 먼 후일을 바라볼 줄 알아야 한다. 지금 다문화가정의 소원과 기다림은 분명 우리와 함께 나눔과 배려를 익히며 정말로 닮아가고픈 마음일 게다.

대도무문 大道無門

  대학에 다닐 때 청담 스님을 초빙하여 사상강연회를 연 적이 있었다. 생전 처음 교육대학을 방문한다는 청담 스님은 하루 전에 오셔서 시내 사찰에 폐를 끼치지 않겠다고 여관에서 묵게 되었다. 외모가 준수하고 키가 훤칠하신 스님은 육환장 지팡이를 짚고 밤에 시내를 대학생들과 함께 활보하셨다. 그리고 여러 가지 사상에 대한 이야기와 생활인들의 고민에 대한 이야기를 화제로 많은 대화가 진행되었었다.

  어느 날 길을 같이 가는 사람들에게 "사람들은 왜 사느냐?"고 물은 적이 있다고 한다. 그때 그 사람의 대답이 한참 생각을 한 후에 장난스러운 표정으로 "나는 죽지 못해서 삽니다."

하는 대답을 들었다고 하였다.

정말 이치에 맞는 말이며 사람은 죽지 못해 살아가는 인생이라고 그분의 말에 동조를 하면서 '마음'에 대한 이야기를 많이 나누었다고 한다.

청담 스님은 사람은 태어나는 순간부터 에누리 없이 죽어간다고 했다. 우리가 보통 쓰는 에누리는 물건 값을 정해 놓은 가격보다 깎는 것을 말한다.

그런데 사람은 태어나는 순간부터 성장하지만 바꾸어 말하면 한 치의 에누리 없이 죽어가고 있다는 것이다. 이 말의 의미는 삶의 가치와 인생 역정에 대한 명목의 구심점이라 하겠다.

각자에게는 타고난 운명이 있지만 그 운명의 길고 짧음에 관계없이 어느 누구든지 에누리 없이 죽어가고 있기 때문에 우리들은 잃어버린 자아를 찾아야 한다고 말씀을 하셨다. 청담 스님은 당신 출가의 변에서 '잃어버린 나를 찾아서' 입산하게 되었고 분명 사람이 죽어간다는 상대성에는 살아가는 방법이 있을 것이란 생각에서 화두를 들고 참선을 하는 생활을 하고 있다고 하였다.

여관에서 청담 스님을 시봉하는 동광 스님과 대학생 두세 명이 앉아서 큰 스님과의 대화는 계속되었고, 나는 장난기가 슬며시 생겨서 '마음'이라는 것과 스님들은 입적(入寂) 날짜를 정말로 아시느냐고 질문을 한 기억이 있다.

청담 스님은 이 마음의 진리를 꿈으로 풀어보면 더 확실해지고 재미가 있는데, 우리는 밤에 꿈속에서 대우주를 창조한다고 하였다. 반대로 생각을 해 보면 꿈속의 세상이 생시에 우리가 생활하던 세상과 너무나 같기 때문에 우리는 그 것을 생시인줄 모른다는 것이다. 이 마음은 생각도 아니고 지식도 아니지만 마음을 빼어 놓으면 아무것도 없다는 것이다.

그러므로 죄나 복이나 착한 일이나 악한 일이나 다 마음이 하고 지옥이니 천당이니 극락이니 하는 것도 모두 마음이 하고, 도를 깨쳤느니 또는 마음을 깨쳐서 번뇌 망상을 없앴느니 하는 것도 모두 마음이 하는 일이라고 하였다.

어떤 사람은 이 마음을 찾기 위하여 구나(guna)의 운수납자로 먼 여행을 떠나고 피안(彼岸)의 경지에 이른다고 하였다. 피안(彼岸) 또는 도피안(到彼岸)의 경지에 이르면 어느 누구든지 자기의 마음을 알 수 있다는 것이다.

과거는 참회하고 자아를 찾고 나를 알기 위한 뼈 깎는 노력이 있어야 자기 자신을 똑 바로 발견할 수 있고, 분명하게 내가 살아가는 방법을 안다는 것이었다. 청담 스님은 금강산 마하연에서 이 마음공부가 어느 정도 경지에 이르렀다는 견성인가를 조실 스님으로부터 받았다고 한다.

이튿날 교육대학 강당에서 '마음은 곧 나다' 라는 생각을 사상강연회의 주제로 강연을 하면서, 우리말로써 제일로 하기 쉬운 말이 '마음'이라면서 대학생들에게 희망과 용기를 북돋워 주었다.

　　강연이 끝난 후 청담 스님은 남석 이성조가 운영하는 서예학원에서 지필묵으로 '대도무문(大道無門)' 이란 글을 일필휘지하고 '대도' 란 사람으로서 당연히 지켜야 할 큰 도리나 정도(正道)이므로 장애물이 있을 수 없기 때문에 앞으로 나아가면서 뒤로 숨기거나 잔재주로 살아가야 할 필요가 없다는 해석까지 하였다.

　　부처님 오신 날 다시 '대도무문(大道無門)' 의 글을 곰곰이 생각해 본다.

동해의 아침

　며칠 전 친척 형의 별장이 있는 동해에 가게 되었다. 그 별장은 넓고 광활한 동해를 바라보는 창포리에 있었다. 원래 붓꽃이 많이 피는 갯가의 마을이라는 뜻으로 붓개 또는 창포리(菖浦里)라고 불리는 전설 있는 마을이었다.

　바닷가를 끼고 축산항에서 강구로 내려오는 블루로드는, 언덕으로 오르는가 싶으면 다시 바닷가로 내려가는 굽이가 정말 멋스럽고 낭만적인 길이었다. 오후 늦은 시간에 바라보는 겨울 바다의 물색 또한 군데군데 짙은 남색이었다.

　특히 정월 동해 바다의 물빛은 쪽빛보다도 진하다는 느낌의 녹색을 띤 짙은 옥색으로 햇빛을 받아 반짝반짝 빛났다.

풍력발전단지 아래 전망 좋은 해맞이공원에서 바라보는 코발트 색 바다는 더욱 실제적인 제 색깔을 드러내며 잔잔한 파도를 일렁이기 시작하였다. 순간 바람이 일더니 작은 종잇조각이 날렸다. 종잇조각이 갑자기 나비로 보였다. 그 종잇조각은 바다 위를 몇 번 선회하더니 바람이 잔잔해지자 결국 물 위에 떨어지고 말았다.

김기림 시인의 「바다와 나비」가 갑자기 생각나 조용히 읊조려 보았다.

아무도 그에게 수심(水深)을 일러준 일이 없기에
흰나비는 도무지 바다가 무섭지 않다.

청(靑)무우 밭인가 해서 내려갔다가는
어린 날개가 물결에 절어서
공주처럼 지쳐서 돌아온다.

삼월달 바다가 꽃이 피지 않아서 서거픈
나비 허리에 새파란 초승달이 시리다.

요즘 유행하는 말에 '세상에서 중이 제일 무섭다.'고 한단다. 중학생들이 괴롭힘과 왕따의 폭력으로 자살한 사건 때문에 생긴 말이란다. 여기서 '중이'는 물론 중학교 이학년을 말한다. 이것은 풍자(satire)이며, 위트(wit)이며, 유머(humor)이다.

그러나 교육자들은 학생들의 불행한 사건으로 온통 자괴심에 괴로워하고 하늘 쳐다보며 부끄러워하고 있다. 어떤 교육자도 학생들에게 '하늘과 땅 사이에 있는 만물 중에 오직 사람만이 최고 귀하다는 것'을 일러 준 일이 없다. 인간존엄의 가치를 미리 일깨워 줘야한다는 당위성을 알면서도 실천하지 못했다.

옛날 서당에서 학동들이 배우던 『동몽선습(童蒙先習)』의 제일 첫 부분에 '천지지간만물지중(天地之間萬物之中)에 유인(惟人)이 최귀(最貴)한 것은 그것은 오륜(五倫)이 있기 때문'이라는 맹자의 말이 나온다.

아버지와 자식은 친함이 있어야 하고[父子有親], 임금과 신하는 의리가 있어야 하고[君臣有義], 부부는 서로 다름이 있어야 하고[夫婦有別], 어른과 아이는 순서가 있어야 하고[長幼有序], 벗들과는 신의가 있어야 한다[朋友有信]는 것이 오륜이다. 시대적 배경이 다르고 어휘의 사용이 시공간적으로 바뀐 것뿐이다. 군신(君臣)을 사제(師弟)로 바꾸어 놓으면 된다.

아무도 학생들에게 바다의 깊이를 알려주지 않았기 때문에, 학생들은 도무지 바다가 무섭지 않았다. 학생들이 이것만은 진짜 푸른 무언가 해서 찾아갔다가 험한 괴롭힘과 폭력에 시달리다가 엉망진창이 되어 공주처럼 지쳐서 집 안에 돌아온 것이다. 꽃이 피지 않아서 서글픈 바다, 새파란 초승달이 나비 허리를 시리게 하고 있다. 이제 교육도 온고이지신(溫故而知新)의 마음으로 옛것을 따사롭게 하고 새로운 것을 찾는 기본으로 되돌아가는 것이 필요하다.

　　이튿날 동해의 해 뜨는 모습은 경이롭고 외경에 가까운 가슴 벅참을 가져왔다. '이렇게 동해의 아침이 아름다울 줄이야.' 하고 저절로 탄성이 나오고 감탄사가 연발되는 감격을 맛보았다.

　　　지금은 금빛 소리 듣지 못하지만
　　　잠시 동이 트는 놀을 맞이하고
　　　살풋 입맞춤하여
　　　반가움을 바알갛게 내보이며
　　　물살 위에 남아 있는
　　　이랑 사이사이로
　　　밝은 햇살이 내려 꽂혀
　　　날개 돋친 홍예를

어느덧 파도에 놓쳐버려
벌써 수천의 흰 손을 일렁이는
아름다운 동해여

미끄러져 가는 은빛 물결에
고운 배를 깔고 드러누우려무나
아침바다 동해여

(동해의 아침. 필자)

　너무 넓은 동해 바다, 수평선이 완만하게 활처럼 휘어져 보여 지구가 둥글다는 것을 확연히 알 수 있었다. 이 아름다운 동해의 아침 광경을 보며 이제 지나간 과거보다 현재를, 그리고 미래를 꿈꾸는 목표를 설정해야겠다는 생각을 해 보았다. 우리 모두 미끄러져 가는 은빛 물결에 고운 배를 깔고 드러누워 함께 금빛 소리를 들어야 하리라.

모든 행실의 근본은
참는 것이 으뜸이다

대구에도 눈이 많이 내렸다. 유난히 추운 겨울이라 대구의 변두리인 다사읍 대실의 둑길은 아직도 쌓인 눈 그대로다. 퇴근 후 눈이 다져진 둑길을 올라 눈앞의 궁산을 바라보고 있노라니 문득 이청준의 '눈길'이 떠올랐다.

"그날 밤사 말고 갑자기 웬 눈이 그리도 많이 내렸던지 …. 새벽녘에 일어나 보니 바깥이 왼통 하얀 눈 천지로구나……. 눈이 왔더라도 어쩔 수가 있더냐. 서둘러 밥 한술씩을 끓여다가 속을 덥히고 그 눈길을 서둘러 나섰더니라……."

눈길을 걸으면서 생기는 발자국을 되돌아보노라니, 작가가 어머니의 애틋한 자식 사랑의 마음을 구구절절하게 담아 표현을 한 구절이 자꾸 생각났다.

"울기만 했것냐. 오목오목 딛어 논 그 아그 발자국마다 한도 없는 눈물을 뿌리며 돌아 왔제. 내 자석아 내 자석아. 부디 몸이나 성하게 지내거라. 부디부디 너라도 좋은 운 타서 복 받고 살거라……. 눈앞이 가리도록 눈물을 떨구면서 눈물로 저 아그 앞길을 빌고 왔제……."

이 구절을 생각하면 나의 고등학교 시절이 저절로 떠올라 콧등이 찡해지고 가슴이 뭉클해지며 눈가엔 이슬이 맺힌다.

시골에 낙향하여 생활하게 된 부모님 곁을 떠나 서울로 고등학교를 유학 갔던 나는 눈길을 걸어 서울 가는 완행열차를 타기 위해 역까지 수없이 걸었던 기억이 새록새록 살아나기 때문이다.

회갑을 넘기신 허리 고부라진 어머니는 자식을 걱정하여 삽짝을 열고 눈을 쓸어 길을 내어 주시면서, 간너머 산 고개 재를 넘는 자식에게 눈길 조심하라면서 손을 저어 주시던 모습이 더욱 새롭게 회상된다.

아버지는 눈에 미끄러지지 말라고 운동화를 새끼로 칭칭 동여매 주시고, 도톰하게 챙긴 보따리를 들고 앞장서서 역까지 바래다주던 일을 생각하면 지금도 그 당시 부모님의 자식 사랑이 고맙기만 하다.

부모님은 자식을 보내면서 객지에서 항상 몸조심하고, 학교 생활은 싸우지 말고 언제나 순간을 참으며 생활하라고 했다.

계성편(戒性篇)에 보면 자장이 공자에게 하직을 고하면서 "몸을 닦는 가장 아름다운 길은 무엇입니까? 〔爲修身之美〕" 라고 묻자,

공자는 "모든 행실의 근본은 참는 것이 그 으뜸이 되느니라.〔百行之本 忍之爲上〕" 한다.

어찌하면 참는 것이 되느냐는 자장의 물음에 공자는 다음과 같이 답변한다. 임금이 참으면 나라에 해가 없고, 제후가 참으면 큰 나라를 이룩하고, 관리가 참으면 그 지위가 올라가고, 형제가 참으면 집안이 부귀하고, 부부가 참으면 일생을 해로할 수 있고, 친구끼리 참으면 이름이 깎이지 않고, 자신이 참으면 재앙이 없다고 한다.

겨울방학 기간에 옛날 서당식으로 『명심보감』을 학모와 학생들에게 가르쳤다. 어떤 학모가 근본(根本)에 대한 내용이 많이 나오는데 가장 으뜸은 무엇인가 묻는다.

독서는 집을 일으키는 근본이요. 순리(循理)는 집을 잘 보존하는 근본이요. 근검은 집을 잘 처리하는 근본이요. 화순(和順)은 집안을 다스리는 근본이라 하였다.

『소학(小學)』에도 원시효자백행지본(元是孝子百行之本)이라는 말이 있다. 원래 효도란 것은 백 가지 행함의 근본이라는 뜻이다.

얼마 전 인성교육에 대한 원고 청탁을 받았다. 그런데 과연 '인성(人性)이란 무엇인가?'에 대한 의구심이 생겼다. 사전적 뜻은 '사람의 성품, 사람마다 가지고 있는 생각과 태도'이다. 『중용』에 나오는 성(性)은 '하늘이 명부한 것'이라 하였다.

그런데 『경행록』에 보면 '인성은 물과 같다.(人性如水)'고 하였다. 물이 한 번 기울어지면 다시 돌이켜질 수 없고, 성품도 한 번 놓여지면 바로 잡을 수 없다는 것이다.

물을 바로 잡으려면 둑을 쌓아서 바로 하여야 하고, 성품도 바르게 하려면 반드시 예법을 지켜야 한다고 하였다. 예절교육의 중요성을 새삼스럽게 깨닫게 하는 말이다,

시대에 맞는 예법을 지키며 성품을 바르게 닦는 아름다운 길은, 모든 행실에서 참고 참으며 닦아가는 것이 으뜸이리라.

3부
예쁜 사람 미운 데 없고, 미운 사람 예쁜 데 없다

벽壁, 좁은문

　얼마 전 서울에 있는 가까운 친척의 아들 대학생이 한강에
투신하여 자살하였다. 소식을 듣고 달려가서 조문을 하였지
만 부모는 정신이 없고 실신 일보직전이라 무어라 말할 계제
도 아니었다. 나도 마음이 먹먹하고 답답하여 옴을 느끼며 마
지막 재를 뿌리는 산에까지 올라가서 초혼의 고복제(皐復祭)
의식에 참석하였다.

　제를 마치고 '나의 성장은 어떠했을까?' 하며 과거를 생각
해보니 가끔씩은 빗나가고 모든 것에서 떠나고 싶어 무척 괴
롭던 기억이 있었다.

　그럴 때마다 누군가를 찾기가 힘들어 우선 책을 많이 읽었

었던 것 같다. 문고판 책을 주머니에 넣거나 가방 귀퉁이에 꽂아서 장소와 시간 제약 없이 무계획적으로 읽고는 일기장에 가끔씩은 낙서하곤 하였다.

어느 날은 앙드레 지드의 『좁은문·전원교향악』을 하루 저녁에 읽었다. 작가 자신이 인간주의와 이상주의의 갈등을 겪는 것을 쓴 이원성의 소설이라는 생각이 들었다. 작가 자신이 갈등에 대한 아무런 해답도 「좁은문」 소설에서는 단서도 주지 않고, 도덕적 편견이 주는 문제점과 위험성을 독자들에게 일임내지는 떠넘긴 내용이라고 일기는 적고 있다.

좁은 문으로 들어가기를 힘쓰라. 멸망으로 인도하는 문은 크고 그 길이 넓어 그리로 들어가는 자가 많고, 생명으로 인도하는 문은 좁고 협착하여 찾는 이가 적음이라.(마복 7:13)

이익도 사설에서 종군자법(種君子法)에 대하여 자세히 쓰고 있다. 벼를 심으면 벼를 얻고, 보리를 심으면 보리를 얻는다고 하면서 벼를 심어서 보리를 얻는 법은 절대 없다고 한다. 나라에서 소인을 심어 놓고 군자를 기다리는 것은 이치에 맞지 않는다고 한다. 군자를 심으려면 그들을 북돋우고 기를 따름이지 다른 방도가 없다고 한다. 천하에 도가 있으면 덕이 천하 사람들에게 퍼지기 때문에 간사한 말이 나타나지 못하고 숨어 버린다고 하였다.

부모가 자식을 키우는 것도 종군자법과 같다. 부모가 자식에게 너무 큰소리로 호통을 치면, 자식은 기가 죽어서 그저 묵묵히 듣기만 하고 옳고 그름을 이야기 하지 못하고 말이나 행동이 숨어 버린다. 부모는 자식이 순종하고 그저 고개만 끄덕이면 만사가 형통하는 줄 알고 만족하고 기뻐하며 희열을 느껴 그 방법을 계속하게 된다.

자식이 공부에 등한하고 행동이 정직하지 않더라도, 부모는 중심을 잡고 일관성 있게 자식의 처지를 역지사지로 생각하며 처음부터 끝까지 자기의 성질을 드러내지 않는다면 자식의 문제 행동은 나타나지 않을 것이다. 콩 심은데 콩 나고 팥 심은데 팥 나는 이치로, 문제 자식의 행동엔 분명 가정의 문제가 있지는 않을까 되돌아보는 성찰이 필요하다.

우리의 희망은 언제나 절망보다 생생하며 우리의 삶은 항상 무엇을 갈구하며 살아가고 있다. 그 갈구하는 바람이 가정에서 오롯이 싹트게 하는 것은 가족 구성원들의 깨어있는 마음이다.

건물, 집, 방, 담장, 성, 낭떠러지를 벽(壁)이라 한다. 벽의 은유적 의미는 어떤 일을 극복하기 어려운 장애의 한계 또는 관계나 교류의 단절이다.

가정에서도 벽을 쌓으려고 하지 말고 허물겠다는 긍정적

마음을 서로가 확인할 때 생명으로 인도하는 문이 열리지 않
을까?

어떤 가느다란 흔들림이 있는
생활인의 하루가
움직일 때마다 힘 되어 솟음은
무엇으로 인연함일까.

우린 언제나 우연함에서
어쩔 수 없는 만남의 필연을 발견하고
부피와 두께도 없는 간극을 만드는
자연의 섭리 앞에

눈짓으로
웃음으로
무수한 사설과 동작으로
생각지 못할 거릴 깨뜨리고
허허허 소리 낼 수 있을까.

출근 길 서두는 남편의
구겨진 바지 가랑이 모습 보고
안타까워하는 아내의 애틋함 깃든
눈빛 담아

우린 하루의 생활을 설계하자
허물어 질 것은 너와 나에게
모두 고웁게 다듬어진
아름다운 두께 없는 벽임일레라.

모든 잎 떨쳐버린 나목의 가지 위
하이얀 빛 반사시키는 눈 쌓여도
결국 녹아서
수피(樹皮)의 가운데선 충일함이 될 거고
우린 눈부신 광경을 맞이하리라.

쌓여 있는 모양
형태 다른 가로 막음
모두 벽이란 것은
마주하고 서 보면
얄팍한 종잇조각도 아닌데

우린 생활인으로서
모든 형태 늘상 보듬어 주고
광채 나게 닦아서
면벽 수도자의 마음으로 투시하여 보면
허허 웃음은
분명 아름다운 너와 나의 마음이 될게다.

(벽, 필자)

봄비를 기다리며

며칠 전 남사예담 마을을 지나다가 입춘축(立春祝)을 집집마다 대문에 붙인 것을 보았다. 봄의 시작을 알리는 입춘은 24절기 중 첫 번째 절기이다. 이 날은 봄이 되었으니 크게 길하고 경사스러운 일이 많이 생기기를 기원한다는 의미로 '입춘대길(立春大吉), 건양다경(建陽多慶)'을 많이 붙인다. 대체로 양력으로는 2월 4일경이다.

내가 자란 시골에서는 대문을 활짝 열면 만복이 들어온다는 '개문만복래(開門萬福來)'와 마당을 자꾸 쓸면 황금이 나온다는 '소지황금출(掃地黃金出)'의 입춘방(立春榜)을 붙이는 집도 많았다. 또 가풍에 따라 부모님께서 천년을 살고 자식은 만대까지 번영하라는 '부모천년수(父母千年壽), 자손만대영(子孫萬代榮)'을 기둥 곳곳에 붙이는 경우도 있었다.

그리고 봄비가 내리고 싹이 트는 두 번째 절기는 우수(雨水)이다. 초목이 움트고 동물들이 겨울잠에서 깨어나는 세 번째 절기는 경칩(驚蟄)이다. 낮과 밤의 길이가 같은 춘분(春分)은 네 번째 절기이다.

올해는 3월 20일이 춘분이다. 아마 윤년인 관계로 하루 앞당겨진듯하다. 춘분은 날씨가 갑자기 따뜻해지면서 온도가 올라간다. 춥지도 덥지도 않아서 일 년 중 농사 준비를 하기에 가장 좋은 계절이다. 겨우내 얼었던 땅도 풀리면서 농부들의 손길도 분주해진다.

우선 반가운 것은 봄비이다. 이 봄비를 기다리며 천수답에서는 물을 가두기 위하여 물꼬를 손질한다. 그러나 날씨가 매일 좋은 것만은 아니다. 때로는 바람이 부는가 하면, 더러는 꽃샘추위가 몰아 닥쳐 식물들에게 피해를 입힌다. 그래서 생긴 속담이 '2월 바람에 김칫독 깨진다'고 말한다. 올 춘분도 어김없이 강원도 지방에서는 대설이 20cm나 내렸다고 하니 농민들의 근심은 깊어만 갈 것이다.

하여튼 '봄비가 잦으면 마을 집 지어미 손이 크다'는 속담이 있다. 봄비가 자주 내리면 풍년이 들 것으로 예상하고 부인네들의 인심이 후해진다는 뜻이리라. 조용히 내리는 봄비를 보면, 젊은이들은 서정적인 낭만의 감흥에 젖어 글을 짓기도 한다.

그냥 왔다가 가는 사람의 모습이 아니듯이
지나치려는 어떤 이들의 예 모습이 아니듯이
당연히 와야 할 곳
그리고 왔어야 할 손님인양
오뚝이마냥 비가 오고 있구나.

비
봄비
그냥 맞아보고 싶다
끝없이 펼쳐진 둑길을
멋지게 휘어진 냇가의 둑길을 걸으면서
풀, 나무, 흙, 돌과 함께

그러면 나의 몸 어디에선가도 움이 트고 싹이 돋겠지

질퍽이는
시커먼 국물이 퀴죄죄한 골목길
기름띠 흐르는 포도(鋪道)

맞아도 될까 몰라

아스팔트 길 위에 생명이 솟아오를까

골목길에 숨통 터질까 글쎄

비라도 봄비라니

맞아나 둘까봐

마음이 흠뻑 물씬 젖어

싹이나 나도

비라도 봄비라니

맞아나 봐.

(봄비, 필자)

선거 때문에 한창 시끄러울 모양이다. 법이 오래되면 폐단이 생기게 마련이다. 법을 바꾸는 것을 변법(變法)이라 하는데, 종종 큰 집에 비유되어 많은 사람들의 입에 오르내리는 경우가 많다.

어떤 큰 집이 오래되어 기둥이 좀먹고 썩어서 허물어질 염려가 있었다. 사람들은 '서툰 목수를 시켜 쓰러져 가는 집을 수리한다면 훼손됨이 더욱 심할 것이니 차라리 무너뜨리자.'고 한다. 혹자는 '차라리 버팀목을 대어서 유지해 나가는 것이 상책이다.' 고 한다.

집 안에 사는 사람은 모든 사람의 존경 대상이다. 이럴 경우 우리는 쓰러져 가는 집 속에서 그 가족이 죽지 않고 살아 가도록 요행만 바라고 그대로 내버려 두어야 할까?

답은 '물론 아니다.' 이겠지만, 고쳐 지을 바에는 맞춤형 설계도와 영원히 남도록 짓는 건축 기술이 필요하다. 그리고 협동심과 단결력이 필요하다. 그것을 만드는 것은 멤버십을 발휘해야 할 국민이라는 사실을 알아야 한다.

우리가 갈망하는 봄비는 오는데, 우후죽순처럼 나타나는 위정자들은 또 무엇인가? 판을 깨는 정치는 하지 말자는 전제가 필요하다. 국민들이 보고 있다, 위정자들의 각성이 절대적으로 필요한 시점이다.

이형기 시인의 '봄비'를 읽으며, 서정의 둑길 거닐며 아득한 생각에 잠겨보는 것도 좋겠다는 생각을 해 본다.

밤
봄비는 창에 스민다.
기다림에 지친 마음이 젖는다.

봄
밤에 내리는 비
한 옥타브 낮은 목소리

물기가 배인 육신의 무게를
가눌 길 없구나
봄밤에 비 온다.

먼 사람아 당신의 손길은
봄비와 같이 성가시다.
잠 재워 다오.

부지깽이로 쓴 편지

　나의 시골 동네에 또출 아제가 살고 있었다. 집안이 찢어지게 가난하여 또출 아제는 남의 집 머슴으로 일하며 새경을 받아서 식구가 오순도순 살았다. 외아들인 창래는 머리가 영리하여 고등학교는 시골에서 마치고 대학은 서울에서 공부하였다.

　또출 아제는 아들의 장래를 항상 걱정하였고, 자식의 후일을 생각하면서 부부는 열심히 일한 대가로 받은 새경으로 아들의 뒷바라지를 열심히 하였다.

　어느 날 또출 아제는 아들 창래의 안부가 걱정이 되어 누런 시멘트 포대 종이를 구해서 검정이 붙어 있는 부지깽이로

'人人人人人' 하고 편지를 썼다.

그리고 남은 시멘트 포대 종이의 조각을 가위로 오려서 편지 봉투를 만들었다. 주소는 서당에 가지고 가서 붓으로 적어 달라고 하여 서울에 있는 아들 창래에게 부쳤다. 또출 아제는 자식에게 편지를 썼다는 자부심에 매일 같이 흐뭇한 마음으로 머슴살이도 신나게 하였다.

며칠 후 서울에 있는 아들에게서 편지의 답장을 받은 또출 아제는 신명이 났다. 옆집에 가서 편지를 읽어 달라고 하니, 아버지의 편지는 잘 받았으며 공부 열심히 하고 있다는 내용이었다.

창래는 방학 때면 고등고시 준비를 위하여 시골에 내려와서 공부를 하였다. 토담집 작은방에 밤낮이 구별되지 않도록 멍석을 방문과 광창에 치고는 용변 보는 시간도 아까워 요강도 방안에서 사용하며 지독하게 공부하였다.

가끔 밥을 먹기 위하여 바깥을 나올 때면 호롱불에 머리가 그슬었고, 얼굴은 씻지 않아 엉망진창이 되어 있었다.

대학 졸업과 동시에 창래는 고등고시에 합격하여 검사가 되었고, 서울의 부잣집 딸과 결혼하여 고래 등 같은 기와집에 살게 되었다. 워낙 가난한 또출 아제는 결혼식에 참석하지 못하고 또출 아지매 혼자만 보냈다.

다음 해 손자의 백일을 맞아 자식 집에 가기 위하여 또출 아제는 검정고무신을 짚수세미로 닦고, 평소에 입던 옷을 빨고, 두루마기도 풀을 먹여 다듬이질하여 줄을 반듯하게 세웠다.

수수를 디딜방아에 빻아서 가루를 내어 수수부꾸미를 만들고, 찹쌀인절미와 절편을 만들어 삼베 보자기에 싸서 당일 새벽에 서울 가는 경기여객의 첫차를 타고 을지로 6가 버스종착지에 도착하였다.

아들의 집에 도착한 또출 아제는 으리으리한 기와집에서, 윗옷을 벗고 도끼를 들고 집안의 귀퉁이에 쌓인 장작을 패기 시작하였다.

어느덧 창래의 집 마루엔 손님들이 모여들기 시작하였다. 판사, 검사, 경찰서장, 여러 친구들이 모여서 왁자지껄하였다. 그 중에서 창래와 가장 가까운 판사 친구가 "저기 마당에서 장작을 패시는 어른은 누구신가?" 하고 물었다.

창래는 새까만 얼굴에 검정 고무신을 신고 남루한 옷을 입은 자기의 아버지를 보니 순간적으로 창피하고 부끄러운 생각이 들었다.

"으음, 우리 집 하인이야." 이렇게 말을 하고 말았다.

또출 아제는 머리에 피가 거꾸로 솟구침을 느꼈다. '저 저 놈이 내가 얼마나 저를 애지중지 키웠는데…. 저런 말을….'

또출 아제는 부르르 떨리는 마음을 가누지 못하고 대청마루로 달려갔다. 그리고는 마루에 서서 "예, 저는 이집 하인이 맞습니다. 그렇지만 창래는 제가 낳았습니다. 창래 주인님! 하인은 물러갑니다."하고는 가지고 갔던 수수부꾸미, 찹쌀인절미, 절편을 싸 가지고 시골집으로 내려왔다.

백일잔치에 온 손님들은 "사람이 어찌 그럴 수가 있느냐? 쯧쯧!" 혀를 차면서 한 사람 두 사람 자리에서 일어나더니 모두 돌아가고 말았다. 갑자기 일어난 일에 창래는 뒤통수를 망치에 얻어맞은 듯이 정신이 아뜩하였다.

다음 날 창래는 고향의 부모를 찾아 갔지만 또출 아제의 "너는 내 자식이 아니다."는 말로 끝내 만날 수가 없었다. 서울의 직장에 돌아온 창래는 친구를 비롯한 주위 사람들의 냉소와 손가락질에 사직서를 내고는 결국 다른 직장을 구하였다.

얼마 후 창래는 아버지가 보낸 부지깽이로 쓴 편지를 가지고 서당 선생님을 찾아가서 그 내용을 알게 되었다. '사람(人)이면 다 사람(人)인가 사람(人)다운 사람(人)이 참다운 사람(人)이지.'

죽을 때까지 자식과의 연을 끊은 또출 아제의 집터는 잡초가 무성하지만 아직도 시골구석에 보름달같이 온아우미(溫雅優美)한 이야기로 남아 있다.

교만을 부리면 반드시 화를 당한다

　아들이 두 명인 가정에서는 음식 때문에 형제간의 불협화음이 많다. 시장에서 돌아 온 엄마가 모처럼 열대 과일인 망고를 사 왔을 때, 엄마가 나누어 주면 형제는 분명히 싸운다. 동생이 보면 형의 것이 많아 보이고, 형이 보면 동생의 것이 많아 보인다. 분명히 남의 그릇의 밥이 많아 보인다. 일종의 착시현상일 텐데 말이다.

　이럴 때 최선의 방법은 형에게 똑 같이 이등분하라고 하고, 나누어진 망고를 동생이 먼저 선택하도록 하면 불평과 불만이 없다. 두 사람의 역할을 바꾸어 해도 된다. 불평과 불만을 가질 수가 없다. 선택권을 모두 형제들에게 주었기 때문이다.

아들이 세 명인 경우는 정확한 삼등분하기가 쉽지 않다. 그럴 땐 반드시 부모 중에서 한 명이 끼어서 사등분하면 된다. 그리고 선택은 제비뽑기를 해서 자르는 사람과 선택하는 순서를 정하면 별 문제가 없어진다.

부모의 몫은 반드시 챙겨야 한다. 그래야 부모 공경의 마음이 생긴다. 아들 세 명에게 부모의 몫을 주는 것은 부모 마음대로이다. 선심을 쓰는 척 보상으로 줄 수도 있다. 사칙의 연산이 꼭 필요하다.

+(플러스)와 - (마이너스)는 약 470년 전 영국의 의사이며 수학자인 레코오드가 쓴 책 속에 더하기와 빼기의 기호로 씌었다고 한다. 또 나란히 가는 기찻길을 본떠 만든 =는 양쪽의 답이 같다는 기호로 사용되었다고 한다.

그리고 곱셈은 380년 전에 영국의 윌리엄 오트레드가 발명하였는데, 영어의 X자에서 따오고, +의 기호가 변한 것이라고 한다.

나눗셈의 기호(÷)는 370년 전 네덜란드의 수학자 존펠이 처음으로 사용하였는데, 그 전에도 인도 사람들은 피젯수 아래에 제수를 써서 나눗셈을 하였다고 한다.

학부모 역량개발 교육을 하면서 '자녀 인성교육을 사칙연산으로 하는 방법'에 대하여 강의 한 적이 있다. 자기주도적

학습의 방법에 관한 내용이다. 부모는 그저 지켜보고, 몇 마디의 말로 자식에게 존경의 대상이 되면 된다.

옛날 연세가 많으신 아버지가 어머니, 형제 세 명을 불러 앉혀놓고 유언을 하였다. 키우던 소 열한 마리를 맏이에게는 반을 주고, 남은 소의 삼분의 이를 둘째에게 주고, 남은 반은 셋째에게 주라고 유언을 하였다.

아버지가 돌아가신 후, 소 열한 마리를 나누기 위하여 매일 의논을 하였지만 문제를 풀지 못해 집안이 시끄러워지기만 했다.

어느 날 어머니는 삼 형제를 불렀다. 그리고 어머니 몫으로 받은 논밭을 팔아서 소를 한 마리 더 사서 아버지의 유언을 지키도록 하였다.

삼 형제는 어머니의 돈으로 소를 한 마리 사서 열두 마리로 문제를 푸니 아주 쉬웠다. 그리고 나머지 소는 어머니에게 되돌려 주었다. 이 일로 형제는 모두 어머니의 지혜에 감복하여 더욱 존경하게 되었다.

주나라 문왕을 찬양한 노래로 『시경』에 '전전반측(輾轉反側)'이라는 말이 있다. 전(輾)은 돌아누울 전이지만 반 바퀴 도는 것을 말한다. 전(轉)은 구를 전으로 한 바퀴 도는 것을 말한다. 반(反)은 뒤척일 반이고, 측(側)은 옆 측을 말한다. 누군가를 생각하며 그리워하거나 고민하며, 반 바퀴, 한 바퀴 옆으로 돌면서 밤새 뒤척인다는 뜻이다. 반 바퀴는 ÷(분수)의 의미이다.

독일의 비트만이라는 학자는 520년 전에 '넘친다.'와 '모자란다.'는 기호로 +, -의 기호를 산수책에서 사용하였다고 한다.

좌우명(座右銘)은 흔히 오른쪽 자리에 붙여 놓은 새길만한 글이나 격언을 뜻하는 말이다.

제나라 환공의 사당에 있는 술독은, 텅 비어 있을 때는 기울어져 있고, 술을 반쯤 담으면 바로 서고, 가득 채우면 다시 엎어지는 술독이었다.

공자가 환공의 사당을 지나다가 이 술독을 발견하고는 무릎을 쳤다고 한다. 그리고 제자들에게 이르기를 공부도 이와 같아서 다 배웠다고 교만을 부리는 자는 반드시 화를 당하게 되는 법이라고 훈계를 하였단다.

공자 스스로도 집에 돌아와 똑 같은 술독을 만들어서 의자 오른쪽에 두고 스스로를 가다듬었다고 한다.

반성의 자료로 삼는 글이나 간단한 말의 좌우명을 만들어 자녀의 책상 옆에 붙여 주는 것도 학습에 도움이 되리라.

삼구유점三口有點하고
　　우각불출牛角不出이라

　　속칭 '나라골'은 나의 초임 교사 근무지이다. 그 고장 사람
들은 옛날 벼슬아치들이 많아서 쉽게 말해서 나라님이 많아
서 '나라골'이라 부른다고 자랑하면서 대단한 자존심을 가지
고 있었다.

　　실은 국어사전에서의 '나라님'은 임금님에게만 쓸 수 있는
나라의 임자라는 뜻이지만 그 고장 사람들은 그렇게 인식하
고 살아왔고 살아가고 있었다.

　　그 마을엔 여덟 종가가 살았는데 충효당, 처인당, 삼벽당과
같은 고택이 즐비하고 언어도 옛 방식으로 사용하기도 하여
교사인 나도 헷갈릴 때가 많았다. 할아버지를 '큰아배', 할머

니를 '큰어메', 큰아버지를 '맏아배', 큰어머니를 '큰어메' 등으로 불렀다. 한자어 대부(大父), 대모(大母), 백부(伯父), 백모(伯母)를 한글로 번역하면 모두가 맞는 말이다.

70년대 동네 가구가 196호이고 동네 한가운데 인량초등학교가 있었다. 인량(仁良)동이라는 단위 마을에 학교가 생겨난 것만 해도 대단한 양반의 기질과 능력을 보유한 반촌임을 알 수 있었다.

하숙할 만한 집이 없어서 당분간 삼벽당 사랑방에서 자취를 하고 있을 때였다. 저녁을 먹고 쉬고 있는데 옆집 종택에서 여든이 넘으신 영천이씨 종손 어른이 의관을 정제하고 방문을 하였다.

그 종손 어르신의 여러 말씀 가운데 나의 교직생활과 일상생활에 좌우명이 될 만한 이야기를 해주셨다.

스승이 되면 생도들과 이웃들에게 존경 받도록 "삼구유점(三口有點)하고 우각불출(牛角不出)하시게."하는 덕담을 하셨다. 이 말은 옛날 왕이나 관리들, 정치인, 종손들, 남 앞에 서서 일하는 분들이 명심할 부분이라고 첨언까지 하셨다.

나는 몇 개월을 이 한자말의 의미를 알기 위하여 한자를 이리저리 조합해 보기 시작하였지만 도무지 무슨 말인지 내용 파악이 되지 않았다.

'삼구유점(三口有點) 우각불출(牛角不出)'에 대한 내 나름의 해석은 '입 세 개에 점을 찍는 것'은 말조심하라는 뜻이고 '소뿔이 나지 않았다.'는 것은 매사에 행동을 조심하라는 뜻으로 해석을 하고 음전하게 생활하였다.

어느 날 동네 청년들과 4-H(Hand, Heart, Health, Head)모임에서 영천이씨 차종손이 같이 참석하여 오락을 하는데 다음과 같은 문제를 내는 것이었다.

옛날 사랑채에서 과거 공부만 하던 도령이 옆집 별당 아씨를 너무 짝사랑하여 상사병이 나고 말았습니다. 이 도령은 어느 날 밤, 춘향이네 집 가는 길 같은 골목을 지나 담장을 넘어 별당 아씨를 찾아갔습니다.

별당의 문을 열고 아씨를 다짜고짜로 끌어 앉고 "내가 아씨를 사랑하여 상사병을 얻어 죽을 지경이니 나를 살려 주시오."하였답니다.

별당 아씨는 도령을 살며시 밀치면서 "내가 문제를 하나 적어 줄 테니 그 문제의 답을 적어 오세요."하고는 지필묵을 꺼내어 조맹부체를 받아 왕휘지 필법으로 일필휘지하니 '삼구유점(三口有點), 우각불출(牛角不出)' 이었습니다.

도령은 별당 아씨가 써서 주는 글을 받아들고 내용 파악에 들어갔으나 지금까지 배운 지식으로는 도무지 무슨 의미인지 알 수 없었습니다.

이 문제의 답은 과연 무엇이겠습니까?

모든 사람이 문제 해답으로 말조심 하라는 뜻이다. 여자가 셋이면 말이 많아지고, 옛 속담에 '못된 송아지 엉덩이에 뿔 난다' 그러니 뿔나지 않도록 하라는 이야기이다 등으로 떠들고 야단법석이었다.

그런데 차종손은 다음과 같이 문제를 쉽게 풀어 주었다.

"삼구유점(三口有點)은 삼구 위에 점이 있으니 말씀 언(言)이 됩니다. 그리고 소우(牛)에 뿔이 없으면 낮 오(午)가 됩니다. 두 글자 언(言)과 오(午)를 합하면 허(許)가 됩니다."

얼마 후 도령은 어느 산골 서당 훈장님의 도움으로 답을 찾아 별당 아씨에게 찾아갔습니다. 그 동안 상사병도 고치고, 별당 아씨의 지혜로움에 눈물을 흘리며 매우 고마워하며 함께 백 년을 해로하였답니다.

이 글은 파자(破字)이다. 얼마 동안 한자의 자획으로 글자를 만들어 보고 뜻을 알고자 했던 노력의 결과를 얻을 수 있어 그 때 나는 환희를 느낄 정도로 기뻤다. 어떤 결정이라도 충분한 시간을 갖고 심사숙고하여 일을 처리하여야 하며 허락을 할 때는 별당 아씨의 지혜와 같은 마음이 필요함을 다시 한 번 느끼며 '허(許)하리라' 다짐을 해 보곤 한다.

속세는 산을 떠났구나!

사람[人]이 산(山)으로 가면 신선[仙]이 되고 사람[人]이 골짜기[谷]로 가면 속인[俗]이 된다고 김수환 추기경의 글에 나오는 말이다. 골짜기[谷]는 물이 항상 흘러서 그치지 않는 곳이다. 그래서 골짜기 곡(谷)은 사람의 욕심이 끝이 없음을 일컫는 말이다. 사람들이 어디로 향하는 가에 따라서 신선과 속인의 차이를 말하지만 실은 모든 것은 사람의 마음에서 생기는 것이리라.

산행을 한다는 것은 얼마나 즐겁고 행복한 일인가. 그리고 산에 들어가면 신선이 된다니 더욱 큰 기쁨인데 더 무엇을 바라겠는가.

우리나라 사계절은 모두 특징이 있고, 뚜렷한 자연현상을 보여 참으로 아름답다. 요즘 같은 봄날 시골 동네만 가도 복숭아꽃 살구꽃 아기진달래가 산천을 물들이고 있다. '살구꽃 핀 마을은 어디나 고향 같다. / 만나는 사람마다 등이라도 치고 지고 / 뉘 집을 들어서본들 반겨 아니 맞으리.' 시골길을 걸으며 이호우의 시조를 읊조리면 정겨움은 다정함을 낳고 다정함은 온정을 만든다. 참으로 "어절시구 좋구나!"하는 감탄과 감격무지의 시골 서정이 아닐 수 없다.

봄 산행의 계절, 아름다운 꽃이 피는 산과 울창한 숲을 찾아 많은 사람들이 움직인다. 특히 산상의 바위틈에 피워있는 진달래를 보면 저절로 흥얼거려지는 이은상의 시조 '수줍어 수줍어서 다 못타는 연분홍이 / 부끄러 부끄러워 바위틈에 숨어 피다 / 그나마 남이 볼세라 고대지고 말더라.' 이 얼마나 아름다움을 오래도록 간직하고 싶은 마음이기에 고대지고 마는 아쉬움을 나타내었는가.

정비석의 수필 「산정무한」을 보면, 영봉들을 대면하려고 새벽같이 수줍은 생각으로 밖에 나섰으나, 계곡은 여태 짙은 안갯속에서, 준봉은 상기 깊은 구름 속에서 용이하게 자태를 엿보일 성싶지 않았고, 전나무 잣나무들만이 대장부의 기세로 활개를 쭉쭉 뻗고, 하늘을 찌를 듯이 솟아있는 것이 눈에

띨 뿐이었다고 적고 있다.

그리고 모두 근심 없이 자란 나무들이고, 청운의 뜻을 품고 하늘을 향하여 문실문실 자란 나무들이라고 예찬을 하고 있다.

대학시절 오대산의 비로봉(1,563m)에 올라보니, 정상엔 고사목이 가지런히 서 있고, 갑자기 일진광풍이 불더니 비가 억수로 쏟아지고, 잠시 후 운해가 끼고 무지개가 생기고, 또 햇빛이 나고 멀리 금강산의 자태가 또렷이 보이고, 만학천봉이 한바탕 흔들리게 웃는 듯 하던 모습을 지금도 잊을 수 없다.

우리나라의 높은 산봉우리들 중 가장 흔한 이름은 비로봉일듯하다. 금강산, 오대산, 소백산, 묘향산, 속리산, 팔공산 등의 봉우리들은 비로봉(毘盧峯)이다. 한글로는 같지만 원주의 치악산에 있는 봉우리는 비로봉(飛盧峯)이다.

속리산에는 산이름과 석문(石門), 대(臺), 봉(峰), 암자(庵子)가 8개씩 있다고 한다. 다리도 8개 있었다고 하나 지금은 3개뿐이다. 대(臺)중에서 특히 문장대는 세 번 오르면 극락에 갈 수 있다고 적혀 있으며, 최고의 봉우리는 천왕봉이며 그 정상에서는 낙동강, 한강, 금강의 물을 볼 수 있다.

'바르고 참된 도는 사람을 멀리하지 않는데〔道不遠人〕, 사람은 그 도를 멀리하려 들고〔人遠道〕, 산은 세속과 떨어지지 않는데〔山非俗離〕, 속세는 산과 떨어졌다.〔俗離山〕' 는 고운

최치원의 글에서 우리는 속리산(俗離山)의 산명이 속세를 떠나 극락 절경과 만난 이유를 알 수 있다.

요즘 사람들은 너무나 천연덕스럽게 '~척' 또는 '~체' 하고 살아가고 있다. 잘난 척, 아는 척, 지식이 많은 척, 멋쟁이인 척, 착한 척, 모르는 척, 수줍은 척, 부끄러운 척 등과 같이 카멜레온적 생활태도 변신에 능숙하다, 아무리 사람들의 생활태도 변화가 능숙하게 바뀐다 해도 바르고 참된 도는 사람을 멀리하지 않는다.

산을 찾게 되거든, 두고 떠나기 아쉬운 마음에 몇 번이고 고개를 돌려 산봉우리를 쳐다보고 산 전체를 바라보라. 그 속에는 희망의 푸름이 있고, 솟아오름의 녹색이 있고 더러는 활활 타오르는 정열의 황색이 있음을 알아야 한다. 그러한 산 있음이 우리 마음과 같아서 산은 세속과 떨어지지 않음을 알아야 한다.

인자(仁者)요산(樂山)이라는 말이 있다. 어진 사람은 참된 도를 찾는 것과 같이 산행을 하지만 우리들이 '~척' 하고 사는 속(俗)은 산(山)과 떨어져 있음 에라.

토끼

「토끼전」은 귀토지설(龜兔之說)의 이야기에 재미있고 익살스러운 요소를 가미하여 만든 한글 의인소설로 토끼의 영명함이 나타나 있다.

김춘추가 고구려에 청병하러 갔다가 인질로 잡혀 있을 때, 노파가 밤에 감옥에 나타나 귀토지설의 고지(故智)를 들려주자 김춘추가 위기를 벗어났다고 하는 것으로 보아 삼국시대 이전부터 민간에 널리 전해졌던 이야기만은 분명하다. 그 후 판소리창극 '토끼타령'에서 형성화된 「토끼전」은 비록 동물들의 무정형 행동이지만 인간성의 결여가 토포스(topos)이다.

용왕의 병에는 토끼의 간이 효험이 있다는 말에 자라는 자청해서 길을 떠난다. 감언이설로 토끼를 꾀어 등에 업고 용궁으로 데리고 가자 토끼는 비로소 자기가 자라에게 속은 것을 알고 천연덕스럽게 말한다.

"원래 토끼의 간은 꺼냈다 넣었다 하는데 마침 내가 머물던 산에 있는 나무에 나의 간을 걸어 두고 왔으니 가지고 오겠노라."

하니 용왕은 토끼를 육지로 보낸다. 육지에 다다른 토끼는 자신의 어리석음을 탓하고 자라에게는 "용용 죽겠지!" 하고 달아나 버린다.

여기까지 이야기를 마치면 아이들은 생각의 러브와 하이러브의 차이로 뒷부분의 이야기를 궁금하게 생각하여 질문하거나 의아심을 갖게 된다.

"심부름 갔던 자라는 어떻게 되었나요?" "토끼는 어디로 갔나요?"

뒷부분은 청자의 몫이다. 창작에 맡기거나 통합적 상상력으로 돌리면 된다.

토끼를 놓쳐버린 자라가 자살하려던 찰나, 갑자기 나타난 도인의 도움으로 선약을 구했다고 이야기는 결말을 짓고 있다.

윤동주 시인의 '간(肝)'에 대한 시 이야기도 '토끼전'의 내용을 알고 읽으면 철두철미한 민족 독립의지의 표현이라는 시 감상에 도움이 된다.

바닷가 햇빛 바른 바위 우에
습한 간(肝)을 펴서 말리우자.

코카서스 산중(山中)에서 도망해 온 토끼처럼
들러리를 빙빙 돌며 간을 지키자.

내가 오래 기르던 여윈 독수리야!
와서 뜯어 먹어라, 시름없이

너는 살지고
나는 여위어야지, 그러나

거북이야!
다시는 용궁(龍宮)의 유혹에 안 떨어진다.

프로메테우스 불쌍한 프로메테우스
불 도적한 죄로 목에 맷돌을 달고
끝없이 침전(沈澱)하는 프로메테우스

수주대토(守株待兎)라고 하는 고사성어가 있는데 수주는

'나무의 그루터기를 지킨다.' 는 뜻이며 대토는 '토끼를 기다린다.' 는 말이다.

우연한 기회로 토끼 한 마리가 나무 그루터기에 머리를 박고 죽은 것을 얻게 된 농부가, 또 우연한 기회로 죽은 토끼를 얻게 되기를 기다리며, 농사일은 하지 않고 죽은 토끼를 기다리게 된다. 얼마 후 농부의 밭은 쑥대가 자라서 이웃 사람의 비웃음이 되고 만다. 지난 일을 골똘히 생각하거나 낡은 관습에 얽매여 새로운 시대에 바르게 대처하지 못하고 백일몽에 사로잡혀 있음을 일컫는 말이 수주대토(守株待兎)의 의미이다.

빨리 달리기로 유명한 개 한자로(韓子盧)가 재빠르기로 이름난 토끼 동곽준(東郭逡)을 발견하고 뒤쫓았는데, 산기슭을 세 바퀴나 돌고 천인단애(千仞斷崖)의 절벽을 뛰어 산꼭대기까지 다섯 번이나 오르락내리락하는 바람에 토끼도 개도 지쳐서 그 자리에서 죽고 만다. 들에 일 나갔던 농부가 힘들이지 않고 횡재를 하였다. 이 견토지쟁(犬兎之爭)은 둘의 다툼에 제 삼자가 힘들이지 않고 이득을 본다는 어부지리 우화(寓話)이다.

윤극영이 작곡한 '반달' 노래에도 '푸른 하늘 은하수 하얀 쪽배엔 / 계수나무 한 나무 토끼 한 마리' 가 나온다. 달은 토월(兎月)이라고도 한다. 그 달에 초가집이 있고 계수나무 아래 토끼는 절구로 방아를 찧고 있는 모습은 옛날부터 토끼가 친근한 동물로 희화화되고 있음을 알 수 있다.

재미있는 토끼몰이로 새해 다짐을 점검해 보는 시간을 가져봄도 어떨까?

눈이 내린 어느 겨울 날 산토끼를 잡기 위하여 나그네가 길을 나섰다. 마침 눈 위에 토끼 발자국이 있어 그 발자국을 따라 갔더니 토끼가 눈 위를 걷고 있었다. 나그네는 크게 "우아, 우아!" 소리를 지르면서 산토끼를 몰기 시작하였다. 나그네의 고함에 놀란 산토끼는 가까이 있는 바위 굴 속으로 피신을 하였다. "토끼야아 ~"하고 아주 크고 우렁찬 음성으로 토끼를 불렀다.

그리고 소리를 점점 작게 하고 시간 간격도 점점 길게 하면서 '토끼야'를 외쳤다. 나중엔 아주 모기소리만큼 약하게 '토끼야'를 외치곤 굴 앞에서 토끼가 굴 밖으로 나오면 사로잡을 자세를 하고 기다리고 있었다.

과연 산토끼는 나그네의 생각과 같이 굴 밖으로 나올까?

쓰잘머리 없는 것의 쓰임

내가 이른 아침에 자주 걷는 산길엔 낙락장송이 많이 있다. '이 몸이 죽어서 무엇이 될고 하니 / 봉래산 제일봉에 낙락장송 되어있어 / 백설이 만건곤할 때 독야청정하리라.' 하는 성삼문의 옛시조가 저절로 읊조려지는 곳이다.

가끔씩은 낙락장송 밑에 가서, 두 팔을 벌리고 껴안으면 두 아름도 훨씬 더 넘을 것 같고, 나무의 몸통 부분을 잡고 위를 쳐다보면 끝이 보이지 않을 정도로 굵고 오래 된 소나무들이다. 쳐다보고 있노라면 멋지다는 생각만 든다. 살아온 수백 년이 넘는 세월 동안 순탄치 만도 않았을 터인데 하여튼 경이롭다.

속담에 '낙락장송도 근본은 종자'라는 말이 있다. 아무리 훌륭한 사람이라도 처음에는 보통 사람과 다름이 없었음을 비유적으로 이르는 말이고, 대단한 일도 그 처음 시작은 아주 보잘것없었음을 비유적으로 이르는 말이다.

어릴 때 시골 뒷산에 땔감 나무를 하는 형들을 따라 가면 "저 소나무는 ○○ 할배가 돌아가시면 널을 만들 나무다. 건드리지 마라래이." 하는 소리를 자주 들었다. 어린 마음에 '사람이 소나무보다 훨씬 더 굵은데, 어떻게 저걸로 속을 파서 죽은 사람을 넣지.' 하는 생각을, 오랫동안 가지고 있었다.

그런데 그 이상한 생각을 속 시원히 해결하는 일이 생겼다. 실제 이웃집 할아버지가 돌아가시자 그 큰 소나무는 베어져 목재소에서 송판으로 되고, 그 송판 여러 겹으로 널을 만드는 광경을 보고 나서였다.

'아하 통 널이 아니고 저렇게 송판을 가지고 널을 만드는구나!' 하고 의문의 실마리가 풀렸다.

그날 집으로 형들이 해 온 대부분의 나무들은, 잡나무가 많을수록 유용한 쓰임이 되었다. 가마솥에 불을 때서 밥을 짓는가 하면 반찬 재료를 할 때는 물론이고, 소죽을 끓이거나 방을 데우기 위한 군불용으로 많이 사용되었다.

무용지용(無用之用)이라는 말이 있다. 피상적으로 보기에 쓸모없는 것이 오히려 더 큰 구실을 하는 것을 말한다. 더 적확한 말로 표현을 빌리면 '쓰잘머리 없는 것도 유용하게 쓰인다.'는 이야기이리라. '쓰잘머리'는 사람이나 사물의 쓸모 있는 면모나 유용한 구석이고 '쓸모'는 쓸 만한 가치를 말한다.

그 당시엔 오히려 목재감이나 당신(堂神)나무처럼 보호받는 나무보다는 관목이나 잡목이 사람들에겐 더 유용한 것이었다. 즉 쓸모없는 것의 쓸모가 더 필요하였다.

장자(莊子)와 혜자(惠子)는 모두 도가이며 사상가로 아주 친한 친구였다.

혜자가 장자를 보고 "선생의 말씀은 하나도 쓸모가 없군요."하고 말하자, 장자가 반박했다. "그 무슨 말씀이오? 쓸모가 없음을 알고 나서야 비로소 쓸모 있는 것을 논할 수 있습니다. 저 땅을 보시오. 무한히 크고 넓지만, 우리 인간에게 유용한 데라고는 발길이 닿는 곳뿐이란 말입니다. 가령, 발길이 닿는 부분의 둘레를 파 내려가 땅 끝에서조차 쇠붙이 한 덩이 나오지 않는다고 한다면, 과연 그것이 사람들에게 쓸모가 있는 것이겠소?"

그의 눈에는 보통 사람들이 쓸모 있다고 믿는 것은 하찮은 것이고, 반대로 '쓸모가 없다고 믿는 것이야말로 쓸모가 있는 것'으로 보였다. 이것이 생각과 논리를 함축한 무용지용

(無用之用)이다.

　장자는 쓸모 있음과 쓸모없음의 '중간'에 서라고 말한다. 이 중간에서 여유를 가지면 영예도 비방도 없다고 한다. 남과 화목하게 지냄을 자기 도량으로 삼고, 만물의 근원인 도에 근거하여 만물을 부리고, 그 만물에 사로잡히지 않으면 화를 입지 않는다고 하였다.

　어린 시절, 엄동설한에 잡목으로 해 온 땔감[無用]이 뜨뜻한 방구들을 데우고[用], 잠에 빠져 들 무렵, 뒷산에서 부엉이가 울면 '부엉이살림' 꿈을 꾼다.

　부엉이는 둥지에 먹을 것을 많이 모아 두는 버릇이 있다는 데서 '부엉이 곳간'이라고 한다. 없는 것이 없이 무엇이나 다 갖추어져 있는 경우를 비유적으로 이르는 말이다.

　그리고 '부엉이 집을 얻었다.'는 것은 부엉이는 닥치는 대로 제집에 갖다 두어서 거기에는 없는 것이 없다는 데서 나온 말로, 횡재했음을 은유적으로 이르는 말이다.

　보통 정석(定石)이란 말은 사물의 처리에 정하여져 있는 일정한 방식을 말한다. '바둑의 초보자는 우선 정석을 익혀야 한다.'는 말이 있다. 자녀, 학생, 제자들을 가르치는 사람들도, 가르침의 정석을 알면 '쓰잘머리 없는 것의 쓰임도' 쉽게 알 수 있지 않을까.

사랑하는 마음

　십여 년 전 근무하던 학교엔 화장실 벽마다 금언이나 격언을 적어 붙여 놓았다. 남자 화장실의 소변기 위에 '애인자(愛人者) 인항애지(人恒愛之)'라는 글이 붙여져 있었다. 그리고 한자 밑에는 '다른 사람을 사랑하는 사람은, 다른 사람도 항상 그 사람을 사랑한다.'는 해석이 되어 있었다.

　우리가 알고 있는 애인(愛人)의 통상적인 의미는 '이성 간에 사랑하는 사람'으로 알고 있지만 '다른 사람을 사랑함.'이라는 또 다른 뜻이 있다.

　그래서 애인자(愛人者)는 '다른 사람을 사랑하는 사람'이다. 여기에서 자(者)는 지(之)와 동격이다. 당연히 지(之)는 어조사(語助辭)가 아니라 음을 빌어서 쓴 대명사이다. 인항애지(人恒愛之)는 '다른 사람도 항상 애인자(愛人者)를 사랑한다.'고 해석이 된다.

매일 이 글을 읽다가 보면 명심보감의 '자신자(自信者) 인역신지(人亦信之)'라는 글귀와 매우 닮아 있다. 이 글은 '스스로를 믿는 사람은 다른 사람 역시 그 사람을 믿는다.'는 뜻이다. 긍정적인 힘을 갖게 하는 '스스로를 믿는 사람'이라는 뜻의 자신자는 정말 마음을 밝게 하는 보배로운 거울이 되는 말이다. 내가 자신 있을 때 남들도 인정하고 밀어주고 박수쳐주고 응원하는 것은 당연지사이다.

그땐 인성교육에 치중하던 시절이라 학교 구석구석엔 고사성어나 사자성어가 주로 많이 게시되었었고 세상에서 가장 슬기로운 이야기 구절이나 유명한 사람의 명언이 많았다.

국가 시책이 바뀌고 교육 방침이 바뀌면, 시대 따라 학교의 환경은 자연히 바뀌게 마련이다. 또 학교의 경영자에 따라서 시설이 개선되고 교육방침이 바뀌고 경영방침에 의해 교육 목표 달성을 위한 교육방법도 바뀌게 된다.

그렇지만 바뀌지 않는 것은 진심(眞心)이다. 진심은 허공과 같아서 끊어지지도 않고 변하지도 않는다고 한다. 참된 마음으로 살아가는 사람들의 모습은 항상 여러 사람들의 마음에 각인되어 있다. 그 이유는 '다른 사람을 사랑한 사람' 즉 애인자(愛人者)이기 때문이다.

설날 특집으로 KBS에서 다큐식으로 방영된 이태석 신부의 '울지마 톤즈'를 감명 깊게 보고 가슴이 찡해 옴을 느낀 적이 있었다.

이태석 신부는 아프리카에서 가장 가난한 나라 수단의 톤즈 마을에 정착한다. 그곳에서 의료 활동을 통해 고통 받는 톤즈 사람들을 치료하는데, 한센병 환자들을 위한 마을을 만들고, 발이 썩어 들어가는 사람들을 위하여 발 모양을 재어서 그들만의 신발을 만들어 주곤 하였다.

'하나님이라면 톤즈 사람들에게 성당을 먼저 만들어 주셨을까? 아니면 학교를 먼저 만들어 주셨을까? 아마 학교를 먼저 만들어 주셨을 꺼야!' 라는 생각을 가지고 전쟁으로 폭격 당한 톤즈에 학교를 짓고 학생들을 교육하였다.

이태석 신부는 아프리카 수단 톤즈 지방에서 사랑과 봉사의 정신으로 자신을 희생하고, 다른 사람에게는 헌신적인 삶을 살아온 분이다.

또 얼마 전 의인(義人) 고 이수현의 10주기 행사도 방송을 타고 보도 된 바 있다. 2001년 1월 26일 오전, 신오쿠보역에서 기숙사로 돌아가던 이수현은 선로에 사람이 떨어진 걸 보고는 주저 없이 뛰어들었다.

국적이 다른 이방인 이수현이, 낯선 이국에서 혼자 취객을 선로 밖으로 끌어내려고 무진 애를 쓸 때 역으로 들어서는 전철의 불빛이 보였다.

그 자리에서 숨진 이수현을 일본 언론에서는 의인이라 대서특필하고 일본인들은 희생정신을 배워야 한다고 보도한 바 있다.

그리고 올 겨울은 지역에 따라 폭설이 내리고 유난히 추웠다. 태백시의 탄광촌에서 연탄을 만들며 일하는 할머니 한 분은 얼굴과 옷에 껌정을 묻히고서도 "추운 사람 따뜻하게 해주니 보람 있지요."라고 흐뭇함을 말한다.

마음속에서 연탄을 만든다는 자랑스러움이나 자부심을 갖게 되는 것은 분명 다른 사람을 사랑하는 마음이 있기 때문이다.

위와 같은 분들은 다른 사람을 사랑하는 사람, 즉 애인자(愛人者)이었기에 다른 사람들도 항상 그들을 사랑[人恒愛之]하게 되었을 것이다.

'예쁜 사람 미운데 없고[愛人無可憎], 미운 사람 예쁜데 없다[憎人無可愛]'는 속담은 인간의 성품이 원만해야 인심을 얻을 수 있다는 뜻이리라.

꼬마와 군인아저씨

　대부분의 학교에서는 매주 월요일 아침방송으로 애국조회
를 실시한다. 그 때마다 애국가 4절 음반 영상화면에 제일 먼
저 비치는 장면이 국군의 늠름한 행진 모습과 항공기의 고공
비행 장면이 애국가의 가사와 함께 나온다.

　10월 1일은 '국군의 날'이다. 국군의 날은 국군의 위용과 전
투능력을 국내외에 과시하고 국군장병들의 사기와 용기를
북돋워주기 위한 목적으로 만든 기념일이다.

　특히 올해 국군의 날 기념식에선 '강한 국군! 더 큰 대한민
국'이라는 주제로 육·해·공군의 우수한 합동작전 역량을 국
민들에게 보여 준다고 한다. 그리고 기념식 후 전시 무기 관

람과 병영훈련 등의 체험으로 '국민과 함께하는 국군'이라는 의미를 부각시킬 예정이란다.

초등학교 다닐 때, 우리 집에서 남산 공원을 올라가려면 반드시 필동의 육본(수경사령부) 네거리를 지나야 한다. 네거리에는 햇빛을 가리고 비를 막는 일산(日傘) 밑에, 반짝반짝 윤이 나는 철모에 헌병이라는 글자가 쓰인 군인아저씨가 팔을 절도 있게 움직이며 호루라기를 불며 교통 지시를 하는 모습이 초등학생인 나에겐 굉장히 멋져 보였다. 한참을 길거리에 서서 구경을 하다가 보면 군용 지프차가 가끔씩 오고 갔다. 모든 차들을 정지시키고 손으로 육본 방향 지시를 한 후, 씩씩하게 경례를 붙이는 늠름한 모습은 어린 꼬마에겐 굉장히 경이로웠다.

서울영희초등학교 4학년 다닐 때 4.19혁명이 일어났다. 을지로 4가에서 종로 4가로 가는 길엔 대학생과 일반 시민, 고등학생, 중학생, 심지어 초등학생들도 쏟아져 나와 있었다. 종로 4가엔 종로경찰서가 있었고, 맞은편은 붉은 벽돌로 지은 전매청 건물이 있었다. 그런데 전매청 건물의 붉은 벽돌은 총알에 맞아 곰보자국이 나 있었고 가끔씩은 총소리도 들렸다. 종로경찰서엔 경찰들이 물러가고 군인 아저씨들이 경찰서 건물을 위수(衛戍)하고 있었다.

군인 지휘관은 가끔씩 경찰서 담장 바깥으로 나와서 시민들과 웃으면서 대화하는 모습도 보였다. 어린 내가 보기엔 군인 아저씨들이 훨씬 더 용감하고 건물도 잘 지킨다고 생각하였던 것 같다.

며칠 동안 확성기의 혼돈된 울림과 구호를 외치는 함성과 흥분의 무질서 거리를 계속 구경하며 다녔다. 때로는 시신을 안고 가는 대학생들의 모습과 더러는 머리를 부상당한 동료 대학생을 안고 트럭에 타고 시내를 돌면서 '독재정권 물러가라'는 구호를 외치는 모습을 목격하기도 했다.

나는 이리저리 시내를 다니다가 남산으로 가는데, 어떤 집을 많은 군인아저씨들이 총검 자세로 위수(衛戍)하고 있었다.

"꼬마야" 하고 군인 아저씨가 부르더니 무언가를 발로 차서 주는데 쨍그랑 소리가 나는 것이었다. 돌아보니 찌그러진 그릇과 냄비였다.

"너 이것 가지고 가서 엿 바꿔 먹어." 하는 것이었다. 나는 그것을 주워서 엿장수에게 갖다 주었더니 많은 엿을 주면서 "내일 또 가지고 와." 하는 것이었다. 바꾼 엿을 위수하는 군인 아저씨에게 갖다 주었더니 "우리 군인은 근무 중 이런 것을 먹으면 안 된단다." 하면서 나에게 도로 주는 것이었다.

나중에 안 사실이지만 그곳은 이기붕 부통령의 사저였다.

밥그릇과 냄비 수저가 거의 금·은제품이고 부정축재(不正蓄財)한 돈으로 구입한 것들이란다.

나는 초등학교 때부터 국군장병아저씨들에게 위문품과 위문편지를 많이 보냈다. 나의 인상에 지워지지 않는 위수(衛戍)하는 국군장병의 철두철미한 군인 정신을 보았기 때문이다. 군인은 국가의 간성 또는 국방의 간성이라고 한다. 간성(干城)의 한자 뜻은 방패와 성(城)으로 풀이하지만 나라를 지키는 믿음직한 군대나 인물을 말할 때 더 많이 쓰인다.

국군의 날을 맞이하여 군인 중의 군인인 이순신 장군을 다시 생각해 본다. 무인의 기상을 가다듬기 위한 이순신의 방에 있었던 약 2m가량의 장검이 현충사에 보관되어 있다. 이순신은 이 장검에 '삼척서천(三尺誓天) 산하동색(山河動色)'이라는 글을 직접 썼다고 한다. '석자 되는 칼로 하늘에 맹세하니 산과 물이 부르르 떨었다.' 라는 의미이다.

산천을 부르르 떨게 위협하는 비장한 맹세 속에서 이순신은 자신의 나아갈 길을 찾았다. 죽기를 각오하고 싸우라는 필사즉생(必死則生)의 명령은 어쩌면 미리 준비된 무인의 기상이리라.

너는 너대로, 나는 나대로

서자서(書自書) 아자아(我自我)는 '글은 글대로, 나는 나대로'라는 뜻이다. 글공부를 하는데 정신을 다른 곳에 쓴다는 내용이다. 서자서(書自書)를 여자여(汝自汝)로 바꾸면 '너는 너대로'가 된다.

어쩌면 비틀즈 노래의 '순리대로 하라는 Let it be.' 라고나 할까 아니면 '될대로 되라는 케세라세라(Que Sera Sera)' 라고 하는 것이 맞을까

나는 초등학교 2학년 때 서울에 있는 영희초등학교로 전학을 갔다. 경상도 심심산골 사투리만 쓰다가 서울로 전학을 갔

으니, 제일 어려웠던 점은 학반 친구들과의 대화문제였다. 경
상도의 사투리는 억양이 거칠고 악센트가 강하며 지방만의
특이한 언어가 많다.

처음엔 친구들과 대화가 힘들어 외톨이가 되기 일쑤였다.
그러나 학반 어린이들은 뭐든지 친절하게 가르쳐 주고 일상
생활도 불편함이 없도록 힘써주었다.

친구 사귀기가 워낙 힘든 성격이라 남산에 혼자서 자주 올
라갔다. 올라가는 길에 HLKA 제일방송국이 있어서 어린이
프로그램 노래 녹음하는 장면을 구경하다가 남산 기슭의 약
수터에 들러 물 한 모금 마시고, 조금만 더 올라가면 이승만
대통령의 동상 있는 광장에 도착한다.

할아버지들이 그늘에 앉아서 계시다가 한 분씩 여러 가지
이야기를 하시는데 참 재미있어서 시간 가는 줄도 모르고 들
었다. 곱게 한복을 차려 입으신 연세가 제일 많으신 할아버지
가 천천히 일어서서 앞으로 나가셨다.

"옛날 충청도 땅에 어떤 선비가 계셨는데 성은 고 씨요 이
름은 만입니다." 하고는 자리에 앉으셨다. 듣고 계시던 할아
버지들은 크게 박수를 치시면서 "고만이군요." 하셨다. 다음
할아버지가 나오셔서 이야기는 계속 되었다. 주로 전래동화
나 삼국지연의, 수호지 이야기나 통감의 내용이었다.

그런데 그 때 들은 이야기 가운데 하나가 삼국지연의 가운데 조비와 조식에 관한 이야기를 어떤 할아버지가 재미있게 하셨다.

두 마리 소가 담벼락 곁에서 싸우다가 한 마리의 소는 다른 소의 뿔에 받혀서 우물에 떨어져 죽는 그림이야기였다.

형인 조비가 조식에게 일곱 걸음 걸을 동안 시 한 수를 읊으라는 것이다. 물론 조비는 자기보다 재주가 뛰어난 조식을 어떻게 하면 죽일 수 있을까 오직 그것만 생각하고 있었다고 한다. 이 때 조비가 조식에게 내건 단서는 '소가 우물에 떨어져 죽었다.'는 말은 한 마디도 들어가서는 안 된다는 것이었다. 조식은 망설임 없이 일곱 걸음을 걸으면서 시를 읊었다고 한다.

"고깃덩어리 둘이 나란히 길을 갔는데 머리에는 튀어 나온 뿔이 있었습니다. 두 고깃덩어리는 산 아래에서 서로 뜨고 받았습니다. 고깃덩어리는 둘 다 힘세지는 못했지만 결국 한 마리는 쓰러졌습니다. 쓰러진 다른 고깃덩이는 온 힘을 다하지 않았습니다."

내용을 알아차린 조비는 재차 시제를 주면서 이번에는 말이 떨어지기 무섭게 시를 읊으라고 하였다. 그 시제가 "너와 나는 형과 아우다. 그걸 제목으로 삼아서 형이라는 말과 아우라는 말은 일체 쓰지 말라."고 하였단다.

조식은 형의 말이 떨어지기 무섭게 시 한수를 읊어 나갔단다.

콩깍지를 태워 콩을 볶는구나
솥 가운데서 콩이 울고 있다
본시 같은 뿌리에서 태어났는데
어찌 이리도 급하게 볶아대는가

煮豆燃豆其　豆在釜中泣
本是同根生　相煎何太急

형인 조비도 이 시를 듣고는 주르르 눈물을 흘렸다고 한다. 비록 콩과 콩깍지를 가지고 시를 읊었지만 이것은 분명히 형제의 이야기임은 누가 들어도 알 수 있는 내용이다. 이야기 청자들이 박수를 많이 쳤던 기억이 떠오른다.

너는 너대로〔汝自汝〕, 나는 나대로〔我自我〕 갈 길이 정말 따로 있는지 국민들은 묻고 싶은 마음조차 잃고 잊어버린 지 까마득하다.

우린 모두 대한민국의 국민인데 콩깍지는 누구이며 콩은

누구인가를 냉철히 판단할 필요가 있다. 세상만사는 좋고 나쁨이 있다. 어쩌면 인생은 항상 변하는 것으로 앞날을 예측할 수 없는 새옹지마(塞翁之馬)가 아닐까?

연리지連理枝를 닮아라

소나무는 사철 푸른 잎을 가지고 자라며 산을 푸르게 한다. 느티나무는 잔잔한 잎으로 더운 여름에 그늘을 만들며 동구 밖에서 정자를 만든다. 그런데 운문사 호거산엔 백년이 넘은 소나무와 느티나무의 연리지(連理枝)가 있다.

며칠 전 가을 산행을 하기 위하여 운문산으로 향하다가 청도 매전 동산리 도로변에 있는 처진소나무를 보았다. 천연기념물로 지정된 이 처진소나무는 수령이 약 200년 정도 되었으며, 처진소나무 중에서는 가장 아름답고 가지가 수양버들 같이 생겼다고 하여 유송(柳松)이라고 불린다.

운문사 주차장에 내려 호거산 솔숲을 걷는데, 많은 소나무들이 줄기 아랫부분에 도끼에 찍힌 자국이 보였다. 일본이 태평양전쟁 때 석유가 모자라 소나무의 송진을 기름 대체용으로 사용하기 위하여 채취한 흔적이다. 무심코 걷다가 발견한 흔적이지만, 일제의 행위임을 간단하게 게시하여 국민들에게 알렸으면 좋겠다는 생각이 든다.

운문사 경내에는 수령 500년 된 반원형의 모양을 한 처진소나무가 있다. 원근에서 보기에도 모양이 매우 아름답다. 가을이 되어, 솔잎들이 누렇게 갈비(솔가리)가 되어 전형적인 소나무의 모습으로 교교히 서 있다.

가까이 다가가서 줄기 부분을 살펴보니, 이 나무는 어느 정도 자란 다음 가지가 사방으로 퍼져 자랐기 때문에 반송과는 구별이 된다. 반송은 원대가 여러 개로 갈라져서 자란다. 반송의 모습과는 자못 다르다. 현재 처진소나무는 가지가 계속 밑으로만 처지기 때문에 지주를 받쳐 놓았다. 나무의 세력이 엄청나고 자람이 좋아 천연기념물 180호답다.

호거산 가는 길, 골짜기 개울은 명경지수라 할 만큼 물이 맑다. 맑은 정도가 아니라 두 손으로 품에 꼬옥 안고 싶을 정도로 투명하고 비취색이다. 주위 가을 산의 단풍과 곱게 어우러져 얼마나 아름다운지 눈물이 날만큼 정겹다. 특히 내원암 가는 길에는 다람쥐만 쏜살같이 달리고, 새들이 가끔씩 지저

길 뿐 사람이 거의 다니지 않는다. 길가엔 야생화가 너무 아름다워 피안의 세계에 온 듯한 느낌이다.

가을 산에 도취되어 길을 걷는데, 아주 오래된 소나무와 느티나무가 함께 어울려 몸통부분이 합해지고 가지가 연결된 연리지(連理枝)가 두 쌍 보였다. 연리지는 두 나무의 가지가 합쳐져 결이 맞닿아 함께 자라는 것이란다. 사람들도 부부가 화목하여 잉꼬나 원앙새 같으면 연리지라 한단다.

시월 하순, 모처럼 가을비가 내렸다. 장대같은 비가 내리는 늦은 오후 무렵, 지하철 계명대역 입구에서 청소를 하는 미화원 부부가 있었다. 남편은 우산을 받치고 아내는 두 팔을 둥둥 걷어붙여 빗물이 억수처럼 흘러드는 우수로(雨水路) 위에서 낙엽을 연신 움켜잡고 끄집어내고 있었다.

잠시 후 부부의 작업은 교대로 바뀌어 행해지고 있었다. 아마 길 위에 떨어진 낙엽이 갑작스런 소나기에 우수관을 막았던 모양이다. 우수관이 막히면 빗물이 흘러가지 못하고 도로는 물바다가 되기 때문이다. 청소 미화원의 당연한 의무이겠지만 두 사람의 헌신적인 모습은 진실로 아름다웠다.

정말 비익조(比翼鳥) 같은 부부다. 비익조는 전설 속의 새이다. 이 새는 눈이 하나고, 날개도 하나 뿐인 새이다. 그래서 암수 한 쌍이 합해야만 양 옆을 제대로 볼 수 있고, 하늘을 날

수 있다는 새이다.

그래서 부부사이, 남녀사이의 매우 두터운 정을 비익조라고 한다. 다른 말로는 연리지라고 하기도 한다.

부부는 다른 집안의 환경에서 자란다. 집안의 내력에 의해 자람이 다르고, 음식이 다르고, 풍속이 다르고, 예절이 다르다. 특히 남성과 여성이라는 성이 다른 만큼 부여 받은 임무 또한 다르게 성장한다. 이렇게 다른 환경에서 자란 사람이 인연에 의해 만나 연리지처럼 부부가 된다.

그리고 부부는 서로 부족한 부분을 비익조 같이 메꾸어 가거나 보충 내지는 보완한다. 부부간의 사랑을 비익연리(比翼連理)로 표현하기도 하는 연유이기도 하다.

학교의 학생들도 모두 다른 환경에서 자란다. 자연히 개인차가 있고, 개인내 차가 있고, 빈부의 차, 인성의 차, 가정환경의 차, 부모님의 관심의 차이 등이 있다. 학교라는 배움의 터에 함께 모이면 연리목이나 연리지처럼 생활했으면 좋겠다.

서로의 잘못된 부분은 일깨워 주고, 모자라는 부분은 보충·보완해 주고, 남는 여력이 있으면 공평하게 나누어 주는 비익조 같은 사람이 모인 학교가 되면 좋겠다.

4부

배우고 생각하지 않으면 어둡고,
생각하고 배우지 않으면 위태롭다

흐르는 물은 썩지 않는다

삼월 첫날 산청의 남사예담촌을 찾았다. 남사예담촌은 마을의 담장이 예스럽고 아담하다고 해서 붙여진 이름으로 현재 한국에서 '가장 아름다운 마을 1호'이다. 남사(南沙)마을의 뒷산 이름은 니구산(尼丘山)이다. 마을을 휘돌아 감아 흐르는 개천의 이름은 사수(泗水)이다.

니구산은 공자가 탄생한 중국의 산동성 곡부에 있다. 사수(泗洙)는 중국의 산동성에 있는 두 강인 수수(洙水)와 사수(泗水)를 말한다. 수수(洙水)는 공자가 탄생한 집 부근의 강이고, 사수(泗水)는 공자가 제자를 가르치던 근처의 강이다.

남사예담촌은 이렇게 공자와 관련이 있는 니구산과 사수

(泗水)를 이곳 지명에 가져올 만큼 예로부터 학문을 숭상하는 마을로도 유명하다. 이러한 마을 역사는 많은 선비들이 과거에 급제하여 가문을 빛낸 학문의 고장임을 사양정사(泗陽精舍), 이사제(履思齊) 등에서도 찾아 볼 수 있다.

또한 산청 삼매(三梅)의 하나인 원정매(元正梅)도 이곳에 있다. 고려 말 원정공 하즙(河楫)이 심은 약 700년 된 매화가 고목이 된 채 묵묵히 서 있고, 지금은 옆에 있는 젊은 가지에서 꽃망울을 맺고 있었다. 몇 발자국 거리에 원정공 증손자 하연이 자애로운 어머니를 위하여 심었다는 우리나라에서 가장 오래 된 감나무도 있었다.

마을 골목길에는 이순신 장군이 백의종군하면서 유숙한 곳도 있었다. 장군의 슬픈 역사와도 관계된 마을이라고 생각하니 마음이 암연히 수수로워짐을 느꼈다.

천천히 마을을 돌다가, 사수 개천의 맑은 물을 바라보노라니 갑자기 공자가 말한 "물이여! 물이여!〔水哉 水哉〕"하고 말한 내용이 떠올랐다.

서자(徐子)가 토론의 달인인 스승 맹자에게 묻는다.

"공자님은 자주 물을 칭송하면서, '물이여! 물이여!' 하였는데, 그 물을 취하였다는 것은 어떤 의미인가요?"

맹자가 대답하기를 "근원이 깊은 물은 밤낮을 가리지 않고 끊임없이 흐르다가 푹 꺼진 웅덩이를 만나면 그 곳을 가득 채우고, 그리고 계속 흐르다가 바다에 이른다. 근본이 있는 것은 이와 같으므로 바로 그 점을 취했던 것이다."라고 말한다.

그리고 계속 비유적으로 말하기를 "진실로 근본이 없다면, 7, 8월 우기에 빗물이 모여서 크고 작은 도랑을 가득 채울 수는 있지만 이내 그 물이 말라 버리는 것을 잠깐 동안 서서라도 구경할 수 있는 정도이다. 그래서 명성이 실제보다 지나치게 알려지는 것을 군자는 부끄러워하는 것이다." 하였다.

공자는 끊임없이 흐르는 물을 군자의 덕과 비유하여 말한 적이 있었다. 물이 흘러오는 근원이 깊지 못한 시냇물은, 비가 많이 내릴 적에만 흐른다. 그러다가 날씨가 조금만 가물면 이내 말라 버리는 것은 당연하다.

그러나 수원이 깊은 샘물은 절대 마르는 일도 없고, 끊임없이 계속적으로 밤낮으로 흘러내린다.

즉 도덕군자, 수양을 많이 쌓은 사람은 그 자신의 도덕적 근본자세가 확립되어 있다. 그렇기 때문에 사회의 어떤 악한 일들이 그 역할을 지배하려 든다하여도 절대 동요 없이 계속해서 그 도덕적 영향을 줄 수 있다는 것이다.

따라서 군자라면 자신의 도덕적 자질향상에 끊임없는 노력을 경주해야 만 될 것이라 한다.

수원이 없는 시냇물이 이내 말라 버리는 것과 마찬가지로 자기 분수에 넘치는 명성은 결코 바람직스럽지 못하다. 군자의 자질과 다른 한때의 지나친 명성은 곧 기울고 더없이 큰 치욕으로 생각 될 수 있기 때문이다.

공자는 군자의 자질을 설명하면서 소인(小人)을 대조적으로 자주 인용한다.

소인은 이익을 표준으로 이해하고, 모든 일은 남의 이목을 위하여 강구하며, 편파적인 행동으로 고루 사람을 사귀지 못한다. 소인은 교만할 뿐 태연하지 못하고, 반드시 허물은 덮으려 한다. 그리고 날마다 아래로 향하여 떨어지고, 마음은 항시 근심에 차서 초조하다고 하였다.

"물이여! 물이여!", 혹은 "수재(水哉)여! 수재(水哉)여!" 만물이 소생하는 이 봄, 물가에 서서 힘차게 외쳐 볼 일이다. 끊임없이 흐르는 물은 절대로 썩지 않는다고 한다. 그리고 '물은 트는 대로 흐른다.'는 말이 있다. 즉 '사람은 가르치는 대로 되고, 일은 주선하는 대로 된다.'는 말이리라.

미워하는 것과 좋아하는 것을
반드시 살펴라

　지상과 인터넷에 '소인배'의 반대어로 '대인배'라고 나오지만 아주 어색하고 전혀 어휘에 맞지 않는 말이다. 국어 대사전 어떤 곳에도 나오지 않는 말이 대인배이다. 도량이 좁고 하는 행실이 간사하기 짝이 없는 사람이나 무리를 소인이라 하며, 접미사 '~배'가 붙은 말이 소인배(小人輩)이다. 보통 우리는 행실이 점잖으며 학식과 덕이 높은 사람을 군자(君子)라 한다. 그렇다면 당연히 소인배의 상대어는 대인배가 아닌 군자가 맞는 말이다.

　공자도 군자의 자격과 도덕적인 능력을 설명하기 위하여 소인을 대조하여 같고 다름을 이야기한다. 군자는 공(公)을 취하고 사(私)를 버리므로 천하의 사람과 사물을 대함에 주관적인 좋음과 싫음의 호오(好惡), 친함과 친하지 아니함의 친소(親疎)를 가리지 않는다 하였다. 다만 옳은가 옳지 못한가, 정의냐 불의냐를 따져서 판단하고 비평하라고 하였다.

그래서 '중오지(衆惡之)라도 필찰언(必察焉)하며, 중호지(衆好之)라도 필찰언(必察焉)하라.' 하였다. 즉 군자는 '무리가 미워하는 것을 반드시 살펴야 하며, 무리가 좋아하는 것도 반드시 살펴야 한다.'고 하였다.

군자의 마음은 항상 평정하면서도 넓고, 소인의 마음은 항시 근심에 차서 초조하다고 하였다. 그리고 소인은 반드시 허물을 덮으려고만 하고 반성은 하지 않는다고 하였다.

어릴 때 서당에서 훈장인 선친께서 정쟁의 두 우두머리인 미수와 우암의 이야기를 가끔 학동들에게 하는 것을 재미있게 들었다.

남인의 영수 미수 허목(1595~1682)은 이퇴계의 학문을 이어 받은 조선 중기의 유학자이며 사상가이다. 나이가 쉰이 넘도록 초야에 묻혀 의학과 제자백가를 공부하였다. 뿐만 아니라 예학에 몰두하여 다방면에서 뚜렷한 실력을 쌓은 후 예순이 넘어서 처음 벼슬에 나와 재상의 지위까지 오른 사람이다.

노론의 영수 우암 송시열(1607~1689)은 정치가이며 성리

학자로 이율곡의 학통을 이어 받았다. 미수 허목보다는 열두 살이나 나이가 어리다. 하지만 효종의 승하 후 조대비의 상복 문제로 격하게 대립하게 된다. 이후로 남인과 노론은 정치적으로 반목질시하며 정쟁 대상으로 한이 맺히게 되는 계기가 된다.

우암이 중년에 병이 들어 좀처럼 낫지를 않자, 아들보고 미수에게 가서 처방을 받아 오라고 한다. 이때 우암의 아들은 당시, 노론과 남인의 정쟁만 봐 왔던 처지라 아버지의 심부름이 썩 마음에 내키지 않았다.

미수는 우암이 평소 어린아이의 소변을 받아먹는다는 것을 알고, 비상(砒礵)을 석 돈쭝 먹으면 깔끔하게 나을 것이라고 하면서 화제(和劑)를 지어 주었다. 집에 돌아오면서 우암의 아들은 한의원에 들러 비상을 두 돈쭝만 넣어 약제를 지었다. 우암은 아들이 지어 온 약을 먹고 신기하게 병이 나았다.

며칠 후 우암은 아들보고 미수에게 가서 고맙다는 인사를 전하러 보내게 되는데, 사실을 알게 된 미수는 우암이 앞으로 병이 재발하여 오사(誤死)할 것이라고 말한다. 오사란 제 명대로 살지 못하고 죽는 것을 말한다.

서당 훈장인 선친은 이 짧은 콩트 같은 이야기 속에서 미수와 우암의 인간적 아름다움과 예지 그리고 군자적인 정치성

향을 칭찬하였다. 그리고 한문공부를 하는 학동들에게 정치의 정도는, 정쟁의 상대와 항상 함께 가는 것이라고 하였다.

그렇다고 자기만의 일정한 생각이나 주장도 없이 남의 의견에 따라 움직이는 부화뇌동(附和雷同)도 말아야 할 일이다. 부화뇌동은 원래 우레 소리에 맞춰 함께한다는 뜻이다.

공자도 '군자는 화이부동(和而不同)하고 소인은 동이불화(同而不和)한다.'고 하였다. 군자는 화합하되 부화뇌동하지 않고, 소인은 부화뇌동하되 화합하지 않는다는 내용이다. 쉽게 말해 군자는 남도 자신처럼 생각하기 때문에 조화를 이루면서 주어진 역할에 충실함으로 부화뇌동하지 않고, 소인은 조그마한 이익을 따라 남과 함께하지만 화합을 이루지 못하고 부화뇌동한다는 말이다.

학교에서도 요즘 학급회장을 비롯하여 전교학생회장을 선출하는 선거가 한창이다. 학생들에게 선거의 원칙만 지키라고 교육할 것이 아니라, 상대방에 대한 배려와 존중의 역지사지 마음가짐도 꼭 필요함을 가르쳐야 하리라.

길

현충일 오후 청암사가 위치한 불령산(수도산, 선령산)에 올랐다. 청암사 일주문에 들어서니 오른쪽에 차량이 다닐만한 길이 있어 네 명이 그 길을 택해서 산에 오르기로 하고 걷기 시작하였다.

얼마를 걸었을까, 길 양쪽으로 빨간 산딸기가 익어가고 있었다. 누가 먼저랄 것도 없이 나무딸기와 줄기딸기를 따서 입속에 넣었다. 새콤달콤한 딸기가 입안에 감미롭게 혀를 자극하는 바람에 배불리 먹었다.

산에서 불어오는 바람이 상쾌하고 6월의 신록과 함께 싱그러웠다. 산행길이 즐거웠다. 그리고 기분도 굉장히 좋아서 모두들 희희낙락하였다.

삼십 여분을 오르니 갑자기 길이 끊기고 인위적으로 쌓은 듯 높다란 둑이 보였다. 숲이 우거지고 풀이 무성한 제방 뚝 뒤편이 너무 궁금하였다. 낑낑거려 제법 높은 제방 위에 올라서니 웬걸 그 곳엔 소를 키우는 축사가 있었고, 앞 쪽엔 집들이 옹기종기 자리 잡은 동네가 있었다. 동네 오른 쪽엔 아직도 옛 모습의 구불구불한 국도가 보였다.

'아하 우리가 구불구불한 국도를 가로 지르는 길로 들어왔구나. 불령산에 가는 산길이 아니었구나.' 하는 생각이 들었다. 축산 악취 때문에 순간적으로 딸기의 맛이 반감되고, 속이 미식거리기 시작하였다. 모두가 '기분이 찜찜한데……' 하였다.

문득 의상과 원효의 공부 방법이 생각났다. 당나라에 유학을 가던 두 사람은 한밤중의 갈증 사건에 의하여 '중도(中道)' 와 '중토(中土)' 로 갈린다. 원효는 일체유심조(一切唯心造)의 깨달음을 얻고 중도에서 길을 바꾼다. '모든 것은 사람의 마음먹기에 따른 것' 이라고 생각을 하였다. 의상은 끝까지 중국의 당나라에 가서 불법을 배워 와서 신라 화엄종의 개조가 되었다. 너무나 다른 길을 택하여 공부를 하지만 모두 존경의 대상이 되었다.

공자도 '나는 열다섯〔吾十有五〕에 학문에 뜻을 두었다.〔而志于學〕' 고 하였다.

그리고 '서른에 서고〔三十而立〕, 마흔에 불혹하고〔四十而不惑〕, 쉰에 천명을 알고〔五十而知天命〕, 예순에 이순하고 〔六十而耳順〕, 칠십에 하고 싶은 바를 쫓아서 마음대로 하되 〔七十而從心所欲〕 법도를 넘지 않았느니라〔不踰矩〕.' 하였다.

종심소욕(從心所欲)은 '마음이 시키는 대로, 혹은 마음이 하고자 하는 대로, 마음 가는 대로, 마음이 원하는 대로의' 의 의미이다. 공자가 말하는 종심(從心)은 칠십을 말한다. 두보 (杜甫)의 곡강시에도 '사람이 일흔까지 사는 것은 옛날부터 드물었다〔人生七十古來稀〕.' 라는 말이 있다. 그래서 70세를 이르는 말에 '칠순(七旬), 고희(古稀) 희수(稀壽)' 를 쓴다. 이 말들은 모두 종심과 같은 뜻을 가지며 드물다, 희귀하다, 희 소하다는 내용이다.

소욕(所欲)은 하고자하는 끝없는 욕심을 말한다. 공자는 칠 십에 마음이 원하는 대로 하였지만, 어떤 규율이나 법도·제 도·원리 등을 벗어나지 않았다는 것이다.

바꾸어 말하면 법도 안에서 하고 싶은 대로, 즉 마음대로 하였고, 법도를 넘어서거나 어긋나게 하지 않았다는 의미이 다. 잘못 된 나름대로의 해석으로, 일흔이 되었으니 마음대로

하여도 된다. 그렇게 해도 규율이나 법도에 어긋나지 않는다는 의미는 아니다.

중용에도 하늘의 명을 일러 성〔天命之謂性〕이라 하고, 하늘이 정해준 그 성(性)을 잘 따르는 것을 일러 도〔率性之謂道〕라 하고, 도(道)를 닦는 것을 일러 본받음 또는 가르침〔修道之謂教〕이라 하였다. 사람을 목적지에 인도하는 것도 길이지만, 도덕적인 근거가 되는 길잡이도 길임을 알아야 한다. 사람이 하늘로부터 부여받은 마음은 원래 성품이다. 성품이 도리, 방법, 이치, 길이 되며, 가르치다, 본받음, 가르침이 교(教)가 된다.

어릴 때, 자동차가 다닐 수 있을 정도로 넓게 새로 낸 신작로라는 길이 있었다. 사람들이 한길 또는 큰길이라 부르는 이 길에 자동차가 지나가면 먼지가 펄펄 날렸다. 미술 시간이면 실제로 평행하는 직선을 멀리 연장했을 때 하나로 만나는 소실점을 관찰하기 위해 비포장 길의 신작로에서 하나의 점을 찾아 스케치를 하였다. 소실점을 확인하게 되면 공간의 입체감도 파악하여 길을 알게 되기 때문이다. 이제 삶의 분명한 목표를 정하지 못하고, 마음의 갈등을 겪는 청소년들은 많은 길이 있음을 알고 학문에 뜻을 둠이 좋으리라.

너희들은 어찌 시를 배우지 않느냐?

　며칠 전 출장을 다녀오니 책상 위에 《좋은 생각》 책 한 권이 놓여 있었다. 책 표지 겉면에 깨알 같이 적은 첨지가 붙어 있는데, 4월호 책에 자기의 시가 실려 있어서 교장선생님께서 한 번 읽어 봐 달라는 내용이었다.

　　부옇게 휘어지는 햇살이
　　들판 오선지 위로 내려와
　　음표를 그려 넣는다.

　　가지런히 갈아엎은 밭고랑 사이로
　　햇살 자국 부드러운 봄노래를 박아 넣었다.

꼬리를 길게, 짧게

꿈틀대는 논둑길을 따라
내 손잡고 걸어가면

눈에서 귀에서 마음에서
짧은 봄 음표를 이어 주는
이음줄이 툭툭 튀어 나올 것 같다.

너와 함께
하늘과 맞닿아 반짝반짝 봄이 오는 들길을
걷고 싶다.

(봄노래, 박정경)

　요즘 마침 『시경(詩經)』을 꺼내어 읽고 있는 중이었다. 공자는 시경 삼백편의 내용을 일언폐지(一言蔽之)하면, '사무사(思無邪)'라 하였다. 즉 한마디로 말하면, '마음속에 간사한 생각이 없는 것'이라 하였다.
　여기에서 간사(奸邪)는 성질이 간교하고 사악함을 말한다. 자기의 이익을 위하여 나쁜 꾀를 부리는 등 마음이 바르지 않거나 원칙을 따르지 아니하고 자기의 이익에 따라 성질이 변하는 것을 말한다.

시경에는 인간을 사무치게 미워하는 증오감, 다른 사람의 결점을 다른 것에 빗대어 비웃으면서 폭로하고 공격하는 풍자, 뉘우치면서 한탄하고 번뇌하는 오뇌의 내용들이 있다.

그러나 그런 것들은 모두 인간의 거짓 없는 순수한 감정이나 애정이다. 즉 인간의 순정이 바깥으로 드러나거나 겉으로 드러냄에 있다고 하였다.

공자의 시평(詩評)은, 시경 삼백편의 근본정신은 무염무구(無染無垢)의 심정이라는 것이다. 순수무잡(純粹無雜)한 인간 본연의 모습이 스스로 표현 된 내용이라는 것이다.

그러면서 '너희들은 어찌 시를 배우지 않느냐?〔小子 何莫學夫詩〕'

시는 감흥을 일으키며, 인정을 관찰케 하며, 사람과 어울리게 하며, 비정을 원망할 줄 알게 한다. 가까이는 어버이 섬김을 가르치고 나아가서는 나라 섬김의 바탕이 되어, 새와 짐승과 초목의 이름을 많이 알게 한다.

이와 같은 내용은 공자의 시효용론(詩效用論)을 엿볼 수 있는 대목이다. 물론 여기의 시는 시경을 말하지만, 아무튼 시는 사람의 자각제 구실을 한다는 것이다.

소자(小子)는 스승이 제자를 친근하면서도 사랑스럽게 부르는 말이다. 단수로 '너' 일수도 있지만, 공자에게는 많은 제자가 있으므로 복수인 '너희들'로 해석함이 좋을 듯하다.

공자는 사람이 사람답게 사람다운 구실을 하려면 정신이 자각상태에 있어야 한다는 것이다. 느낄 줄 알아야 하고, 풍부한 감수성으로 진(眞)과 선(善)과 미(美)에 대하여 마음이 감동할 줄 알아야 한다는 것이다.

시를 배우면 인간의 정서를 윤택하게 하여 희노애락을 그대로 받아들여 감흥의 꽃자리를 마음속에 만들어 준다는 것이다.

감흥의 꽃방석을 마음속에 지닌다는 것은, 인생을 보람 있게 살아가는 필요조건이고 충분조건일수 있다는 생각이 든다.

또 공자는 항상 '홍어시(興於詩), 입어예(立於禮), 성어락(成於樂)'을 제자들에게 가르쳤다. '시로써 일어나서, 예로써 서며, 음악으로 완성하라.'는 것이다. 인간의 정신발전, 즉 교양의 순서를 이렇게 말한 것이다.

시(詩)자는 언(言)과 사(寺)의 형성문자이다. 언은 말을 마음대로 하거나 써 놓거나 하는 것이고, 시는 일을 진행시킨다는 뜻과 사람을 멈추어 있게 하는 것을 의미하기도 한다.

얼마 전 학교 종합 예술제에서 1학년 어린 아이가 쓴 「내 동생」이라는 글을 보고 순진무구하고 순수하다는 느낌을 받은 적이 있었다.

깨물어 주고 싶은 내 동생
들여다보고
만져보고
쓰다듬어 보고
숨소리 들어보고
냄새를 맡아 봐도
래도 깨물어 주고 싶다.

고 썼다.

여기엔 오관을 통해 본 오감이 나타나 있고, 깨물어 주고 싶은 마음이 하나 더 있다. 즉 오감에 마음을 보태면 육감이 아닐까. 아이는 수미상관법이나 반복법을 모르지만 하여튼 '내 동생은 깨물어 주고 싶도록 귀여운 동생' 인 것이다. 거짓 없이 훌륭한 말이다. 마음에 간사한 생각은 없다.

김종직도 '사무사(思無邪)를 세 번 외면, 달과 이슬과 바람과 꽃이 안중에 없으리라.' 하였다.

어찌 시를 배우지 않을까? 인간 본연의 모습이 모두 시인 것을.

덕은 고립되지 않고
반드시 이웃을 만든다

　　며칠 전 대구달서우체국에 경조우편을 발송하기 위하여 갔
는데 현관 벽에 덕필유린(惠必有隣)이라는 액자가 걸려 있었
다. 한자대로 해석을 하면 '덕은 반드시 이웃을 가진다.' 는
의미이다. 좋은 글이 좋은 글씨 해서형의 초서체(필자 생각)
로 씌어져 있어 더욱 보는 이의 눈이 즐거울 것 같은 생각이
들었다. 글씨를 바라보면서 근무하시는 분도 최상의 서비스
로 봉사하는 모습을 보니 글의 의미가 자연스레 전달 된 것이
아닐까 생각되었다.

　　원래 이글은 논어 이인편(里仁篇)에 '덕불고(德不孤) 필유
린(必有隣)' 으로 나온다. '덕은 고립되지 않고 반드시 이웃

을 만든다.' 는 뜻이다. 덕불고(德不孤)를 간혹 '덕은 외롭지 않고' 로 해석을 하는 경우도 있지만 덕이란 원래 추상적이기 때문에 '고립되지 않는다.' 는 것으로 의미를 부여하고 싶다. 옛 사람은 덕을 내용에 따라서 이덕(二德), 삼덕, 사덕, 십덕 등으로 구분하였다.

중용에서는 지인용(智仁勇) 삼자(三者)는 천하지달덕야(天下之達德也)라 하였다. 지(智)·인(仁)·용(勇) 이 셋은 천하의 달덕(達德)이다. 달덕이란 어느 때, 어느 곳에서도 변함없이 사람이 마땅히 지녀야 할 덕(德)을 말하는 것이다. 그리고 소이행지자(所以行之者)는 일야(一也)라 하였다. 이것을 행하게 하는 것은 하나라고 하였다. 여기에서 행하게 하는 이 하나는 정성 성(誠)을 말하는 것이다.

공자가 말하기를 "배우기를 좋아함은 지(智)에 가깝고, 힘써 행함은 인(仁)에 가깝고, 부끄러워할 줄 앎은 용(勇)에 가깝다."고 하였다. 이 세 가지를 알아서 몸을 닦고, 몸을 닦은 후 사람 다스릴 바를 알고, 사람 다스릴 바를 안 후 국가 다스릴 바를 알고, 국가 다스릴 바를 안 후 천하를 다스릴 바를 아는 것이 지인용(智仁勇)에의 접근 방법이라 하였다.

주자도 인(隣)을 친할 친(親)으로 적어서 사용하였다. 그리고 이웃 인(隣)은 속자인 인(鄰)으로 쓰기도 하는데 친할 친

(親)과 같은 뜻을 가진 글자이다.

친할 친(親)을 풀이해 보면 '나무 위에 서서 본다.' 는 의미를 지니고 있다(木+立+見). 그래서 친목단체에서 회장이 되면 대부분 인사말에서 "멀리 넓게 보면서 친할 친(親)의 글자처럼 친목회를 위해서 열심히 노력하겠습니다." 한다.

『맹자』에도 공자의 말을 인용하여 '사귀는 것은 그 사람의 덕을 벗으로 하는 것이니 무엇을 믿는 것이 있어서는 아니 된다.' 고 하였다. 즉 나이, 빈부귀천, 권세를 믿지 않으면서 벗을 사귀어야 한다는 이야기이다.

덕(德)을 사전에서는 도덕적·윤리적 이상을 실현해 나가는 인격적 능력, 또는 공정하고 남을 넓게 이해하고 받아들이는 마음이나 행동, 덕분, 공덕이라고 풀이하고 있다.

그리고 덕(德)은 한자로는 보통 '큰 덕' 이라고 하는데, 두 인(彳)변 부는 행동을 나타내고, 마음심(心)은 정신적인 면을 뜻한다.

덕보다, 덕 되다, 사람을 착한 길로 이끄는 가르침의 덕교(德敎), 남이 잘되기를 비는 말을 덕담(德談), 어질고 너그러운 마음씨나 생각을 덕량(德量), 덕행으로 얻은 명망을 덕망(德望), 충효인 따위의 덕을 분류하는 명목을 덕목(德目), 도리에 맞는 말은 덕음(德音), 덕분을 덕택(德澤), 덕행(德行),

덕화(德化) 등의 말은 전부 달덕(達德)에 해당되는 말이다.

다른 뜻으로 쓰이는 말에는 닭을 덕금(德禽)이라 하며, 접시꽃은 덕두화(德頭花), 목성을 덕성(德星), 독일의 옛 이름 덕국(德國) 등이 있다.

게을러 잠이 많은 사람을 덕금(德今)어미, 남에게 조금 고마운 일을 하고 그것을 자랑하는 말이나 태도를 덕색(德色)이라 하는 것은 좋지 않은 의미로 쓰이는 말이다.

말과 글은 간단명료해야 한다

　글을 짓거나 쓸 때, 또는 말을 다른 사람들에게 전할 때, 흔히 우리는 '말과 글은 간단명료(簡單明瞭)해야 한다.'고 한다. 교사들이 학생들에게 글쓰기를 지도하거나 말하기를 시킬 때 자주 입에 오르내리는 말이다.

　그런데 이 말은 공자의 말이다. 서가에 꽂혀 있는 논어 책에 많은 딱지들이 붙어 있어, 어느 날 우연히 펼치니 위령공(衛靈公)편에 공자는 '사달이이의(辭達而已矣)'라고 말했다는 구절이 나왔다. 즉 '말과 글은 간단명료해야 한다.'는 뜻이다.

　사(辭)는 언어 문장, 즉 '말과 글'을 말한다. 달(達)은 통달

(通達)), 즉 '뜻이 분명하게 전달되는 것'을 말함이다. 뜻이 분명하게 전달되려면 간단명료해야 한다. 이이의(而已矣)는 범위를 한정하거나 그렇다고 단정하는데 쓰는 한자의 토씨라 할 수 있는 어조사(語助辭)들이다.

말과 글은 듣는 사람과 읽는 사람에게 그 뜻이 분명하게 전달되는 것이 사명이고 구실이다. 말과 글을 미사여구(美辭麗句)로 꾸미고 수식하는 것은, 자칫하면 본래의 사명에서 벗어나기 쉽다.

어떤 일이든지 행동력이나 실천력이 미약해지면 꾸며져서 나오기 마련이다. 벗어나거나 일탈되는 경우는 '~때문'이라는 부정적인 말과 글이 나오기 때문이다. 더러는 '~덕분'이나 '~덕택'이라는 긍정적인 말과 글이 나오기도 하지만 마음속에 생기는 미묘한 감정의 분위기나 변화만 다를 뿐 말과 글이 수식되고 꾸며지면서 글 뜻이 애매해지는 것은 마찬가지이다.

글이 간단명료한 것의 대표적인 것은 '가훈'이다. 온 가족이 함께 느껴야 하고 함께 실천해야 하기 때문이다. 그러나 가훈이 명시적으로 걸려 있는 가정이 있는가 하면, 전통이나 관습의 묵시적인 방법으로 면면히 이어지는 가정도 많다. 게시되는 가훈은 글씨체나 글자의 모양이 중요한 것이 아니라,

벽에 걸려 있으면서 항상 자주 보면서 마음속에 각인시킨다는 것이 중요하다.

다음으로 간단명료한 것은 액자나 족자의 글에 많다. 그러나 표의문자인 한자의 뜻을 파악하는 일은 주관자에 의해서 해석되는 경우가 허다하니 조심스럽게 접근함이 좋다. 때로는 간단명료함의 역기능도 있다는 것을 명심하여야 한다. 대표적인 경우가 과유불급(過猶不及)이다. 이 내용은 분명히 '넘치는 것과 모자라는 것은 같다(猶).'고 함이 옳은데도 '넘치는 것은 모자람만 못하다.'고 비교격으로 인식하는 사람들이 의외로 많다는 것이다.

며칠 전 '대구광역시 서구 학교폭력대책 지역협의회'가 대구 서구청에서 있어 참석한 일이 있었다. 회의실을 찾다가 2층 벽면에 '군자무본(君子務本) 본립이도생(本立而道生) 효제야자(孝弟也者) 기위인지본여(基爲仁之本與)'라는 액자의 글을 보게 되었다.

공자의 제자인 유자(有子)의 말이다. '군자는 먼저 근본 되는 일에 힘쓰라. 근본이 바로 서면 도가 생겨난다. 효도와 우애하는 사람은 어짊의 근본이다.'라는 뜻이다.

유자는, 사람됨이 효성스럽고 우애 있으면서 손위를 무시하기 좋아하는 사람은 적다고 하였다. 그리고 손위를 무시하기 좋아하지 아니하면서 즐겁게 어지러움을 만들 사람은 없다고 하였다. 그러면서 군자는 먼저 근본 되는 일에 힘쓰라고 하였다. 즉 효도하고 우애 있는 사람은 저절로 어진사람이 된다는 것이다. 또 가정에서 부모에게 효도를 행하고 형제가 서로 사랑하는 사람은 손위의 뜻을 거역하여 불순하기를 좋아하지 않는다고 하였다.

'근본 되는 일에 힘쓰라.', '군자무본(君子務本)'은 훈화 말과 교훈적인 글에 많이 인용되어 쓰인다.

2층 회의실 안에 들어가니 '염자목지본무(廉者牧之本務) 만선지원(萬善之源) 제덕지근(諸德之根)'이라고 쓰인 액자가 있었다. '청렴은 목민관의 본연의 임무로 모든 선의 근원이요. 모든 덕의 뿌리'라는 뜻이다. 이 글은 다산 정약용의 『목민심서』에 있는 글이다. 현재는 '공직자 청렴도 향상 및 부패방지 가이드'의 표지에도 씌어 있다.

이 글 뒷부분에 이어서 나오는 말이 '불염이능목자(不廉而能牧者) 미지유야(未之有也)'이다. '청렴하지 않고서는 목민관 노릇 할 수 있는 자는 없다.'는 내용이다. 공직자라면 가슴이 섬뜩해지고 철렁함을 느끼는 말이다.

대구서구청사 2층에서 본 '논어의 무본(務本)과 목민심서의 본무(本務)' 두 글자를 떠올려본다. '근본 되는 일'과 '본연의 임무'는 간단명료한 말과 글이다. 다만 행동이나 실천이 우선 된다면 정말로 좋은 말과 글이리라.

매화에 대한 소소한 이야기

사설(僿說)이란 말은 '소소한 이야기'라는 뜻으로 우리가 익히 잘 알고 있는 이익의 『성호사설』이 유명하다. 학자들은 이익의 성호사설은 쓸데없이 번잡하고 자질구레해서 용잡(冗雜)한 말이라고 흔히들 말한다.

그렇지만 속담에 '자기가 먹기는 싫고 버리기는 아깝다'는 말이 있다. 사설(僿說)이 생긴 이유도 그런 이유에서이리라.

'새실'이라는 말은 점잖지 아니하게 자꾸 까불며 웃는 것을 말하며 사설(辭說)의 경상도 방언이다. 사설(辭說)은 잔소리나 푸념 따위를 길게 늘어놓는 것을 말한다. 사설(僿說)은 모두가 잘고 시시하여 아무렇지 않은 것이고, 사설(辭說)은 길게 늘어놓는 잔소리 푸념이라는 것이 다른 점이다.

매화에 관한 이야기들을 자질구레하게 나눠서 생각대로 적어 보고자 한다.

매화(梅花)라고 하면 보통 우리는 꽃을 말할 때 사용한다. 매화꽃 또는 매실나무, 매화나무가 같은 뜻과 의미로 쓰인다. 매화(梅畵)는 사군자에서 매화를 치는 일 또는 그러한 그림을 말하기도 한다.

매화꽃이라고 하면 섬진강가의 매화마을을 손꼽을 수 있을 것 같다. 섬진강가의 같은 지역이지만, 하동공원에 매화가 만발할 때쯤 건너편 광양의 다압마을엔 매화가 꽃눈을 틔우고 이때부터 매화가 피기 시작한다.

섬진강가의 매화마을은 한 폭의 그림이고 수채화이다. 그리고 관광객의 숫자가 늘어나면서 각기 다른 옷을 입은 사람들이 매화나무 사이를 이리저리 다니면서 움직이는 그림을 그린다. 그것을 가장 잘 볼 수 있는 곳이 하동공원의 전망대와 섬호정이다.

'매화타령'은 매화가의 다른 이름으로 경기 민요의 끝부분에 "좋구나 매화로다."가 자주 나오는 데서 이름이 붙여졌다. 그러나 '매화타령 그만하라'고 하면 주제에 맞지 아니하는 같잖은 언쟁을 조롱하여 이르는 말이 된다.

매화나무를 애칭으로는 청객(淸客)이라고 하며, 겨울에 피는 매화를 한매(寒梅)라고 부른다. 또 '설중지매화'라는 말도 있듯이, 유독 매화는 잔설과 진눈깨비 휘날리는 속에서 꽃을 피운다.

> 백설이 잦아진 골에 구름이 머흐레라
> 반가운 매화는 어느 곳에 피었는고
> 석양에 홀로서서 갈 곳 몰라 하노라
> — 이색

목은 이색의 시조를 보면 백설이 잦아진 골에서 매화가 피고 있다. 이렇게 피는 꽃이라서 설중군자(雪中君子)라고도 한다.

사우(四友)는 눈 속에 피는 네 가지의 꽃 즉 동백꽃, 납매, 수선화, 옥매를 이른다. 납매는 음력 섣달에 꽃이 피는 매화이며 옥매는 산옥매라고도 하며 5월에 잎과 함께 분홍색 꽃이나 흰색의 꽃이 피며 붉은 열매가 달리며 먹기도 한다. 쌍청(雙淸)이라는 말은 매화와 수선을 가리킨다.

세한삼우(歲寒三友)는 추운 겨울철의 세 벗이라는 뜻으로, 추위에 잘 견디는 소나무·대나무·매화나무를 통틀어 이르는 말이다. 흔히 한 폭의 그림에 그려서 '송죽매(松竹梅)'라고 말하기도 한다.

박기원의 시 「매(梅)」에서는 춘설을 맞아 동풍(동새)의 우악스런 포옹에 부끄러워하면서도 뛰어난 아름다움의 발각을 고백하고 있다.

북창가에 하도 많이 오고 갔을 지리한 세월을 도사려 쥐고 누웠다가
놀라 깨어 돌따서는 길목에서 춘설을 만나 그만 그기서 동새 우악스런 포옹에 이월을 배고
얼핏 병풍 뒤에 숨었다가 몰래 빠져 인간사는 동네로 나오는 동안에

아롱진 연지에 빨간 핏방울이
톡 톡 꽃망울로 뛰어나온 두 볼엔
함부로 범치 못할 담아한 자태로 풍겨나는 비향은
끝내 발각되고 만 어느 처랑(處娘)의 수교(羞嬌)론 자백인가.

수교(羞嬌)는 '여자가 수줍어하면서 뛰어나게 아리땁다.' 는 뜻이다

매화에 관련된 한시, 시조, 시들을 살펴보면 굉장히 많은 분들에게서 다양한 분야에서 읊어졌음을 알 수 있다. 남명 조식의 설매, 신사임당과 율곡 이이가 가꾸었다는 오죽헌의 율

곡매, 성삼문의 매창소월, 퇴계 이황의 도산월야영매, 단원 김홍도의 매화음, 한강 정구의 백매원, 정약용의 홍매, 서거정의 매죽헌, 이해인의 매화 앞에서, 김용택의 매화꽃 환장하게 흐드러졌네, 매창의 매화 넷 등걸에, 이씨의 베갯모의 매화 등이 있다.

또 사군자 중에서 매화는 줄기가 용 같으면서 고고한 자태가 '군자답다' 하여 사군자에 들어 있음은 굳은 절개와 강인한 생명력 때문이리라.

지자는 물을 좋아하고,
인자는 산을 좋아한다

　이 가을 한 권의 책읽기를 권한다면 당연히 『논어(論語)』
이다.

　논(論)의 한자어는 책을 모아 읽고 정리하여〔侖〕, 여러 사
람과 의견을 모아가며 말하는〔言〕 것이고, 어(語)의 한자어
는 이야기〔言〕를 서로 주고받는〔吾〕 것을 말한다. 즉 논어는
한자 의미대로 해석을 하면 '말씀을 논의' 한 책이다.

　공자가 한 말. 공자와 그의 제자들과의 대화, 공자와 그 당
시의 인물들과의 이야기, 제자들의 이야기, 또는 제자들끼리
서로 같이 말한 것에 응답한 것을 공자에게서 직접 듣고 적은
말이다. 그 때 제자들이 각각 적어 두었던 것을 부자(夫子, 공

자의 높임말)가 죽은 뒤에 제자와 문인들이 서로 같이 논의하여 편집한 것이므로 '논어' 라고 한다고 하였다.

논어를 읽으면 논어에서 말하는 학문의 의미는 단순한 독서가 아니고, 동양의 학문에 대한 고전적인 이념이 공자의 창조에 의하여 기술되어 있다.

그 안에는 인생을 살아가는 지혜의 스승으로서의 삶의 지침이 되고 이정표가 될 만한 내용은 물론이고, 동양사상에서 철학적, 사상사적, 윤리 도덕적, 문학적인 측면에서도 지대한 영향력을 발휘했음을 알 수 있다.

우리의 생활 자체가 유교도덕인 까닭에 현대인들의 생활에서도 여러모로 도움을 받을 수 있는 요소가 많은 것도 이 때문이다.

공자는 학문의 방법에서 '배우고 생각하지 아니하면 어두우며〔學而不思 則罔〕, 생각하고 배우지 아니하면 위태로우니라.〔思而不學 則殆〕' 하였다.

요즘 책을 많이 읽으라고만 강조한다. 그런데 공자는 다독만이 능사가 아님을 말하고 있다. 지식을 받아들이기만 하고 사색을 아니 하면 혼란을 일으켜서 조리(條理)에 어두워질 따름이라고 경고하고 있다.

또한 공허한 사색만을 일삼고, 독서를 하지 않는다면 독단에 빠져 위태하다고 하였다. 공자는 종일 먹지 아니하고, 밤에 잠자지 아니하고, 생각만 하는 것은 유익하지 아니하니 배우라고 말한 적이 있다. 이 말은 전자의 말과 따져보면 모순이 된다.

그런데 이 말은 배움의 의의에 배치되는 말 같지만 곰곰이 생각을 해 보면, 공자의 폭 넓은 이해력과 다양성을 엿볼 수 있는 말이다.

또한 학문의 의의에서 공자는 학문을 좋아하는 사람에 대하여 '끼니에 배부름을 구하지 아니하고, 거처에 안락함을 바라지 아니하고, 매사에 민첩하며, 말을 삼가고, 학식이 높은 이를 가까이 하여 그릇됨을 바르게 잡는 것'이 호학(好學)이라 하였다.

그리고 제자인 자하(子夏)는 '나날이 스스로 없는 바를 얻어 알게 하며〔日知其所亡〕, 다달이 능히 아는 바를 익혀 잊지 아니하면〔月無忘其所能〕, 가히 호학이라 할 만하다.〔可謂好學也已矣〕' 하였다.

여기에서 망(亡)은 무야(無也)를 말하는데 '자기가 알지 못하는 것'이다. 즉 자기가 알지 못하는 지식을 터득하고, 행동으로 하지 못한 선행을 반성하고 깨달아 알게 하는 것이다. 무망(無忘)은 이미 행동으로 하고 있는 일들을 매일 살펴서 잊어버리지 아니하는 것이다. 그리하면 아는 것은 더욱 더 마음에 각인되고 이치가 더욱 깊어질 것이라 하였다.

즉 호학은 한 층 한 층 공을 들이고, 쌓는 탑과 같이 마음에 켜켜이 쌓고 또 쌓아야 한다는 것이다. 그래야만 하루에는 하루의 일과인 공부가 있고, 한 달에는 한 달의 공부가 있어서 부단히 노력하여 차츰차츰 학문을 좋아할 수 있다는 것이다.

논어는 이천여 년의 세월동안 동양인들에게 좌우명이 되거나 금언이 되어 왔다. 공자의 명언 중 '지자는 물을 좋아하고〔知者樂水〕, 인자는 산을 좋아한다〔仁者樂山〕. 지자는 움직이고〔知者動〕, 인자는 조용하다〔仁者靜〕. 지자는 즐겁게 살고〔知者樂〕, 인자는 장수한다〔仁者壽〕.' 는 말이 있다.

지자는 지식을 사랑하여 지식을 찾는 사람이다. 지적욕구를 찾아서 움직이고 지적학문에의 신선함을 지키는 애지정신을 가진 사람이다. 그래서 지자는 동적이고 즐거운 것이다. 인이란 항상 영구불변하며 무궁한 것이다. 인을 실천하는 인간애의 세계는 물욕과 세태의 변화에 동요하지 아니한다. 그래서 인자는 산과 같이 조용한 고요와 정적을 즐겨서 장수하는 사람이 많은가 보다. 요산요수(樂山樂水), 누구나 할 수 있으리라.

우물 안 개구리에게 바다를 말하다

　가야산 우두봉은 산봉우리의 모습이 소의 머리를 닮았다고 하여 붙여진 이름이다. 보편적으로 알려진 다른 이름은 상왕봉이며 얼마 전까지 가야산 최고의 봉우리로 알려져 있었다 그러나 지금은 가야산의 최고봉은 칠불봉(七佛峯)이며 높이는 1,443m로 알려지고 있다.

　그 우두봉 정상 바위 덩어리 위에 소의 코(어떤 사람은 눈)라고 하는 웅덩이가 있다. 그 웅덩이의 이름은 '우비정(牛鼻井)'이다. '우비정'은 물이 고여 있는데 아직까지 가뭄이 들거나 건조하여도 말라 본 적이 없다고 한다. '우비정'에는 비단개구리(무당개구리)가 살고 있다. 얼마나 오래 된 비단개구리인지는 아무도 모른다고 한다.

정상 가까이 가면 까마귀 떼가 "까악 까악" 거리며 우두봉에 내려앉기도 하지만 '우비정'의 비단개구리를 잡아먹거나 해치지는 않는다고 한다. 육식을 하는 맹금류도 가끔 나타나지만 우비정의 비단개구리만은 결코 해코지하지 않는다고 한다. 어떤 사람은 날씨 좋은날 멀리 보이는 지리산 천왕봉의 영험한 빛이 '우비정'에 비쳐서 좋은 정기를 내뿜어 주고 있기 때문이라고도 한다. 어쩐지 신비스럽고 무언가의 비밀을 품고 있는 듯하다.

그러니 '우비정'에 살고 있는 비단개구리가 얼마나 많이 어떤 것들을 알고 있을까하는 궁금증이 생긴다. 아무리 영험한 백두대간의 산 - 지리산, 덕유산, 소백산, 월악산 - 에서 보내주는 좋은 소식들이 있다고 하여도 그것은 소문이고 풍문의 이야기일 뿐일 것 같다. 깊이는 알 수 없지만 아마 폭 15m와 길이 20m의 '우비정' 우물 안 사정만 알고 있을 것 같다. 그야말로 '우물안 개구리'이겠지.

정중지와(井中之蛙) 부지대해(不知大海라)라는 말이 있다. 우물에 사는 개구리는 바다를 말해도 알지 못한다. 강물의 신 하백은 황하강에 살았는데, 어느 날 서해를 거쳐 북해를 가게 된다. 하백은 바다의 끝없이 넓음과 많은 물고기들의 진귀한 움직임에 놀라고 또 다른 세상이 존재함에 놀란다. 북해 바다의 신 악이 황하 강의 신 하백에게 다음과 같이 말한다.

"우물 안 개구리에게 바다를 말해도 알지 못하는 것은 개구리들이 우물 안에서만 살았기 때문이고, 여름 풀벌레에게 얼음에 대하여 이야기해도 알지 못하는 것은 풀벌레들의 세상은 여름만 있다고 생각하기 때문입니다."

이 이야기는 집안의 어른들이나 학교의 선생님들이 많이 들려주고 인용되는 장자의 이야기이다.

'인정자(人情者)는 재회야(貨賄也)' 라는 말이 『성호사설』에 나온다.

인정자는 다른 사람에게 정을 베푸는 사람이다. 이 말 앞에는 조선(朝鮮)은 자고(自古)로 칭(稱)하기를 인정지국(人情之國)이라고 하였다. 인정이 많은 나라라고 하였다. 인정의 뜻은 여러 가지가 있겠지만 우리가 통상적으로 알고 있는 것은 사람이 본래부터 가지고 있는 감정이나 심정인데, 그 중에서도 남을 동정하는 따뜻한 마음의 의미로 우리는 가장 많이 쓴다. '저 사람은 인정이 많다.' 고 하면 얼마나 듣기 좋고 그 사람의 됨됨이가 푸근하고 따뜻함을 가지고 있는지 알 수 있다.

그런데 재회(財賄)의 말에 우리는 조금은 관심을 가져야 한다. 재(財)는 재물 재이고, 회(賄)는 재물 회 또는 뇌물 회, 예물 회이다. '재회(財賄)'란 두 낱말은 조개 패(貝)부수로 재물을 뜻하기 때문에, 뜻은 금전과 물품을 통칭하여 말한다.

다시 해석을 해 보면 조선은 인정이 많은 나라인데, 인정은 뇌물이다. 다른 사람에게 정을 베풀면 뇌물이다. 우리나라 사람들은 유달리 정이 많다고 한다. 이 인정이 많은 것은 동방예의지국의 예(禮)에서 나왔는지도 모른다. 예의를 차려야 양반이고 선비이고 뼈대 있는 집안이기 때문이다.

그런데 옛말에 '곳집이 차야 예의를 차린다.'는 말처럼 먹고 살만해야 인정을 베풀 수 있다. 먹고 살기에 바쁜 사람은 예의조차 차릴 여유가 없다. 은행의 특혜 인출, 공무원의 직무유기, 기관의 기밀누설, 불법 투기, 전관예우 등은 모두 당사자들에겐 인정상 그렇게 했단다. 이런 당사자들이 기회를 놓치거나 시기를 잘못 짚어서 인정을 베풀지 못했을 때는 상대방은 부정이고 부패이고 몹쓸 사람이고 배신자가 된다. 이것은 적반하장(賊反荷杖)이다.

이는 우물 안 개구리에게 바다를 말하고, 여름 풀벌레에게 얼음에 대하여 이야기해도 알지 못하는 이치와 같은 것은 아닐까?

하늘과 땅의 이로움보다 '인화'가 소중하다

매화와 산수유가 피고, 벚꽃이 만개하고 살구꽃이 피었다.

　살구꽃 핀 마을은 어디나 고향 같다.
　만나는 사람마다 등이라도 치고 지고
　뉘 집을 들어서면은 반겨 아니 맞으리.

　바람 없는 밤을 꽃그늘에 달이 오면
　술 익는 초당마다 정이 더욱 익으리니
　나그네 저무는 날에도 마음 아니 바빠라.

이호우의 시가 생각나는 계절이다.

정겨움이 다정함으로 변하고, 다정함이 따스한 온정으로, 다정다감함이 더욱 가까이 느껴지는 봄이다.

축제 때문에, 사람 때문에 이러한 느낌이 둔감해진다면 호젓한 오솔길이 있는 주변의 야산과 둑길이라도 가 볼 일이다. 연분홍 진달래와 흰 조팝이 피고, 흰색 자주색의 제비꽃이 지천으로 피어 있는 것을 볼 수 있다.

하늘과 땅은 모든 만물들의 현상과 온갖 동식물들을 생성하거나 길러내고 있다. 요란스러운 듯 하면서도 시끄럽지 않고, 복잡한 듯 하면서도 담백하여 실수도 없다. 번거로운 듯 하면서도 하늘과 땅의 조화로 간단하게 자연과 오묘한 조화를 이룬다.

이와 같은 현상을 역(易)에서는 간역(簡易)이라 한다. 간역은 평이담백(平易淡白)이다. 글자의 뜻대로 풀이하면 깨끗하여 욕심이 없는 마음이다. 천지의 공덕으로 말하면 간단하면서도 평이하다는 의미이다. 천체의 현상은 사람에게 간편하고 평이함을 보여준다. 이 간편함과 평이함에서 사람들은 만물을 쉽게 접촉한다. 그 접촉에서 목표, 이상, 행복 따위를 쉽게 추구하는 것이다.

이 아름다운 꽃 세상의 봄도 시간이 흐르면 신록이 푸르러 여름이 된다. 여름이 가고 가을이 오며, 겨울이 오는 것은 자연의 당연한 이치이다. 그런데 이 당연함을 가만히 생각해 보면 모두 음과 양의 이치에 의하여 이루어짐을 알 수 있다. 양지가 응달로 변하고, 추운 곳이 따뜻한 곳으로 변하는 것이다.

해는 양, 달은 음, 남자는 양, 여자는 음, 홀수는 양, 짝수는 음, 높은 것은 양, 낮은 것은 음, 밝음은 양, 어두움은 음, 강한 것은 양, 약한 것은 음이다.

이렇게 우주는 양과 음의 조화로 변하는 것이다. 즉 음양의 이치에 의하여 변화하는 것이다. 이것을 역(易)에서는 변역(變易)이라 한다.

그런데 하늘과 땅이 반대로 뒤집어진다면 세상은 어떻게 될까? 물이 낮은 곳에서 높은 곳으로 흐른다면 어떻게 될까? 지구의 질량이 자꾸 변한다면, 지구의 자전과 공전 주기는 항상 같을까? 일 년의 시간과 하루의 시간이 조석지변이면 어떻게 될까? 그러나 이와 같이 역전되지는 않는다.

자연계에서는 절대 변하지 않는 일들, 항구불변 하는 것을 역(易)에서는 불역(不易)이라 한다.

원래 주역의 본 이름은 역이다. 고대의 연산역(連山易), 귀장역(歸藏易), 주역(周易)의 삼역에서 주역만이 남았다. 그렇지만 내용은 삼역의 의미를 모두 담고 있다고 해서 역을 주역이라고 부르게 되었다고 한다.

이 주역의 주장에 따르면 하늘과 땅을 비롯하여 천지만물은 모두 음양 이원으로 성립한다고 한다. 음양의 배합으로 모든 것이 이루어지고, 음양의 유전으로 모든 것은 변화한다는 것이다.

음양은 항상 흐르고 바뀌면서 서로 작용하여 현재 상황은 새로운 다른 상황을 낳는다고 한다. 인간도 천지 간의 온갖 상황 속의 한 존재라는 것이다.

주역이 보는 음양과 인간의 관계는, 인간이 천지자연의 법칙을 체득하게 되면 인간은 천지와 더불어 지위를 나란히 할 수 있다는 것이다. 인간 자신이 천지자연의 원리와 법칙을 스스로 사용하는 존재가 될 수 있다는 것이다. 인간은 자신의 운명을 자주(自主)할 수 있는 능력이 있다는 말일 것이다.

인간 만사도 변화한다. 그래서 부귀한 때에 교만하지 말며, 빈곤한 때에 비굴하지 말라고 타이르기도 한다. 인간과 인간과의 관계는 서로 화합하는 것이 발전과 번영의 기초가 된다고 하였다. 가정의 화목, 학교의 단결, 직장의 단합, 사회의 질서, 나라의 태평성대 등은 모두 인간관계이다. 주역은 사람의 일에서 '인화(人和)'를 가장 중시하는 사상을 가르치고 있다.

사마천도 사기에서 '공자독역(孔子讀易) 위편삼절(韋編三絶)'이라 하였다. '공자는 소가죽으로 맨 책 끈이 세 번이나 끊어지도록 주역을 읽었다.' 는 뜻이다. 공자가 역을 매우 중시하고 애독하였음을 알 수 있다. 하늘과 땅의 이로움보다 '인화'가 더욱 소중한 까닭 때문이리라.

총명이 둔필보다 못하다

초임 교사 시절 정년이 다 되어 가는 연세 많으신 선생님이
계셨다. 젊은 사람들에게 조언을 하실 땐 항상 고사 성어나
『사자소학』의 내용과 『명심보감』의 구절을 가지고 재미있게
재치 있는 재담(才談)으로 이야기를 들려주었다.

학급경영록에 협의 내용이나 회의 결과를 대충 대충 적을
라치면 "총명불여둔필(聰明不如鈍筆)이야!" 하시곤 하였다.
아무리 뛰어난 총명도 형편없는 글씨의 둔필보다는 못하니
까 자꾸 치부(置簿)하라고 하였다. 치부를 하되 없어지는 구
름장에 치부하지 말고 오래가는 좋은 조우(종이)에 하라고
하였다.

남이 보아서 답답하고 매우 느린 동작을 보고 굼뜨다고 한다. '굼뜨다'의 한자말은 둔(鈍)이다. 그 굼뜨고 서투른 글씨를 둔필(鈍筆)이라고 한다. 우리가 생각하는 둔필의 뜻은 보통 그렇게 쓰이지만 시인이나 작가, 서예가의 입장에서는 자기의 글씨나 글을 낮추어 부를 때 둔필이라고도 한다.

한 번 보거나 들은 것을 오래도록 잊어버리지 않고 오래 기억하는 것을 총명하다고 한다. 그리고 총명한 기운을 총기(聰氣)라고 한다. 내가 알고 있는 총기라는 말은 명석한 두뇌와 관련이 있을 듯하다. 눈이 초롱초롱하고 말을 아주 야물게 하는 어린 아이들을 보면 우린 "그 놈 총기 있게 생겼구나." 한다.

'총명이 둔필보다 못하다.'고 누구나 알고는 있었지만 종이에 잊어버리지 않기 위해 적는 습관은 좀처럼 잘 되지 않는다. 필요할 때 적는 것도 잘 되지 않는데 수시로 메모하는 습관은 여간 부지런해서는 되지 않는다.

치부한 것을 두고두고 본다는 것은 가끔은 행복한 일이기도 하다. 나는 오랫동안 일기를 썼는데 요즘엔 가끔씩 초록(抄錄)만 한다. 초록만 해 두어도 부부간에 의견이 맞지 않을 땐 참으로 요긴하다. 아주 중요한 건에 대해 언성이 높아지면, 그럴 땐 미리 일기장을 몰래 보고는 확실한 기록이 있는 경우 큰소리치며 내기를 한다. 무조건 이기지만 상대방에서 억지를 쓰면 결국 나만의 상상이나 생각의 기록으로만 치부되기도 한다. 그러면 나는 억울하고 속상해 못마땅하고 가끔은 상대방이 밉고 원망스럽기도 하다.

요즘 학교마다 복습학습일기 또는 반추(反芻)학습장 쓰기의 중요성을 알고 모두 학습내용 기록에 많은 정성을 쏟는 것도 총명함보다는 둔필이 낫기 때문이리라.

혹자(或者)는 '공자는 저술을 남기지 않았는데도 세계 4대 성인의 반열에 들어있지 않으냐?'고 갸우뚱거리며 둔필로 적는 것이 뭐 그렇게 대수냐고 할지도 모른다.

중국 사람이 쓴 글에, 공자는 부모 이름도 정확하게 알려져 있지 않고 엄마는 무녀(巫女)고 공자는 고아라고 하였다. 사서삼경인 논어도 글자대로 해석을 해 보면 제자들이 공자와의 대화를 통해서 토론[論]한 말씀[語]이다.

사마천이 쓴 『사기』에도 공자의 부모는 야합해서 공자를 낳았고 머리가 평평하고 언덕 모양이었기 때문에 '구(丘)'라고 했다는 것이다.

또 어떤 이들은 『논어』에 보면 '세 사람이 함께 길을 가면 반드시 나의 스승은 그 가운데 있다.'고 한 것으로 보아, 공자의 스승은 아마 위대한 가르침을 주는 특정인이 아니라 주위의 모든 사람들일 것 같다.

　우리들은 정상적인 정신 상태를 잃어버린 패닉 현상을 치매라 하고, 기억의 장애를 건망증이라 하는데 모두 의학적으로 보면 병적인 증세라고 한다. 이러한 분들에게도 둔필의 치부장(置簿帳) 기록은 효과가 있을까?

　어디에서나 최고 책임자나 앞으로 최고 책임자가 되고자하는 사람들은 '옛것을 되새겨 새것을 살필 줄 알면' 아마 다른 사람들의 신뢰와 존경을 받지 않을까 생각해 본다.

화서의 꿈

화서지몽(華胥之夢)이라는 말이 있다. 화서는 중국 황제(黃帝)가 낮잠을 자다가 꿈에서 머물렀던 나라이다. 화서에는 통치자도 없고, 상하도 없으며, 신분의 귀천도 없고, 어른과 아이의 순서도 없으며, 권위도 물론 없다.

부자와 가난한 사람도 없고, 시험도 없고, 직업도 필요 없고, 순위도 없으며 앞서거나 뒤서거나 하는 경쟁은 더욱 없는 나라이다.

이 화서의 나라엔 물에 빠져도 죽지 않고, 불에 뛰어 들어가도 타지 않으며, 공중에서 잠을 자도 침대에 자는 것처럼 편안하고, 서로가 좋은 것을 차지하려는 싸움도 없고, 권모술

수를 쓰는 정치도 없다.

그리고 칼을 가지고 장난을 하다가 손이나 몸을 베어도 상처가 나지 않고, 삶과 죽음이 없으며, 애증도 없고, 늙고 병듦의 걱정이 전혀 없는 나라이다. 이해의 관념도 없으며 도둑질하는 사람도 없으며, 사물의 미와 추함으로 마음이 동요되지도 않고, 좋은 옷을 입거나 입지 않거나 시샘이 없다.

생각만 있으면 하늘을 날 수 있고, 수레나 말이 없이도 몇 억겁의 다른 세상을 구경할 수도 있으며, 마음이 일어나면 뭐든지 불편 없이 편안하게 이루어지는 나라이다.

중국의 전설적 임금인 황제(黃帝)가, 나라가 잘 다스려지지 않음을 걱정하다가 낮잠이 들어 꿈을 꾼 이야기이다. 꿈속 나라인 화서에서 이상세계를 보았고 안락한 세상을 보고, 황제는 90년 동안 선정을 베풀었다고 한다.

70년대 초반 무렵, 교통이 매우 불편한 당시에 봉화군 각화산 각화사를 겨울에 버스를 타고 갔다. 살을 에는 혹독한 날씨였지만 각화사를 거쳐서 눈 쌓인 각화산 중턱에 있는 말사 동암(東庵)을 찾았다. 지금은 동암으로 불리지만 옛날엔 금봉암이라 했단다.

그 때 동암엔 참선하는 스님들이 6~7명 있었다. 양지 바른 암자 입구에는 눈을 쓸어서 그런지 마당이 조금 말라 있었고 탁구대가 놓여 있었다. 점심 공양을 마친 네 분의 스님이 탁구를 복식으로 치고 있었다.

그런데 불상이 모셔진 참선방에서 아주 젊은 스님이 인자한 모습으로 방석을 깔고 앉아서, 탁구 치는 마당을 내다보고 있었다. 같이 갔던 우리 일행이 "저 분의 모습을 보니 가장 윗분인 모양이다." 하면서 말을 걸었다.

그 젊은 스님은 아주 짤막하면서도 간단하게 다음과 같은 금봉암(동암) 이야기를 우리들에게 들려주었다.

어느 해 동안거(겨울참선)를 하기 위하여 동암을 찾았는데, 암자에는 아무도 없었고 법당, 참선방, 마당은 깨끗이 정리정돈 되어 있었더란다. 동암 앞의 마당에선 샘이 '퐁퐁' 솟는데 그 물이 공양간 가운데로 흘러서, 부엌에서 하는 모든 일은 쉽게 하도록 안성맞춤이었다고 한다.

그런데 더욱 특이한 것은 쌀독엔 쌀이 가득 차 있었고, 장독대에 있는 독과 항아리엔 고추장이며 된장, 김치가 가득 담겨 있는데, 어느 누구도 손을 댄 흔적이 없더라는 것이다.

젊은 스님은 겨울 한 철을 동암에서 보내기로 작정을 하고 바랑을 내려놓고 방을 쓸고 닦다가 한통의 종이를 발견하게 되었단다.

그 쪽지 종이엔 '다음 찾아오는 분을 위하여 원래대로 채

워주시기 바랍니다. 불법(佛法)이 불법(不法)입니다.' 라는 글이 적혀 있었더란다.

불법(佛法)은 부처가 되어 괴로운 근심을 면하는 것인데, 이 근심을 면하는 길은 법이 아니기 때문에 불법(不法)이라고 설명을 덧붙여 설명을 하였다.

젊은 스님은 다음 해 봄에 마을로 내려가서 탁발을 하여 쌀, 된장, 고추장을 가득 채워 놓았단다. 그리고 고들빼기김치를 담아 놓고 운수행각의 길을 나섰다는 이야기를 하였다.

가슴에 와 닿는 부분은 '다음 찾아오는 분'을 위하여 원래의 모습대로 만들어 두라는 이타심의 내용이다.

덴마크의 미래학자 롤프 옌센이 예측하기를 미래 사회의 모습은 '꿈의 사회(드림 소사이어티)'가 될 것이고, 꿈이나 이야기를 파는 감성의 시대가 올 것이라고 하였다. 핵심 가치를 종이에 적어 두는 것이 아니라, 그 귀중하고 소중한 가치를 머리 속에 두어야 한다는 것이다.

미래 '꿈의 사회'는 우리 인간의 본질적 특성인 이성에 모든 대상을 오관으로 감각하고 지각하는 감성을 보태라는 의미이다.

복잡한 세상이라고, 인생의 덧없음과 영화의 헛됨을 이야기하면서 가볍게 '한단지몽(邯鄲之夢)'을 꾸지는 말일이다.